AF485090

9 789778 562071

خواطر عمزيوم

دار حروف منثورة للنشر والتوزيع

الطبعة الأولى

الكتاب: خواطر عمزيوم

المؤلف: عمر عزون

تصنيف الكتاب: خواطر نثرية

تصميم الغلاف: فريق الدار

تنسيق داخلي: فريق الدار

مراجعة لغوية: مؤمن عفيفي

رقم الإيداع: 2020/13254م

الترقيم الدولي: 978-977-85620-7-1

مؤسس الدار

مروان محمد

Website: https://horofpdf.wixsite.com/ebook

Fan page: http://facebook.com/herufmansoura

Email: herufmansoura2011@gmail.com

هاتف جوال: 00201113006296 – هاتف جوال: 00201064054995

خواطر عمزيوم

هلوسات الفراغ

عمر عزون

إهداء

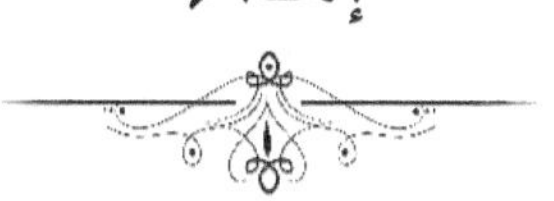

سأهدي هذا الديوان إلى ربي الذي أحياني.
إلى الرسول الذي علمني كيف أحيا.
♫♫♫
أهدي هذه الكتابات لكل الأوغاد الذين كانوا مصدر إلهامي.
أهديها أيضا للشيطان الذي كان يوسوس لي أثناء الكتابة.
أهديها للوقت الفارغ الذي وجدت فيه فسحة للكتابة.
♫♫♫
أهدي هذا الكتاب لشخصي. و أهديه لكل من ساعدني في كتابته.
♫♫♫
أهدي هذه الخربشات لأمي التي قرأت كل شيء رغم أنها لم تقرأ حرفًا.
أهديه أيضًا لزوجها الذي هو أبي.
♫♫♫
إذا أضفت أحدًا فسأنافق نفسي.

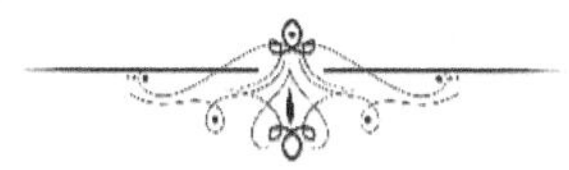

مقدمة

هذه المقدمة ستكون مختصرة، وتحتوي على أهم الأشياء في الكتاب الذي بين يديك.

الكتابات هنا لا ضعيفة ولا قوية، لا تحتوي اللغة، ولا تبتعد عنها، لا معنى لها، ولا تعبيرًا يشبهها، لذاك إذا كانت لا تعجبك فأنصحك ألا تتمم القراءة، أو حتى لا تبدأ. استعملت خليطًا من الألسنة؛ اللهجة المغربية، اللهجة الوراينية (لهجة أمازيغية)، ويغلب على الكتابات اللغة العربية.

هذا الكتاب يحتوي على الكثير من العناوين المحبطة، تُظهر أنَّ كاتبها مريض نفسي، محبط مع عقله، مكتئب في الألم، فاشل في الأمل، لا يفلح سوى في السب والشتم.

أنا مجرد مريض نفسي تجرد من النفس أم من روح الذات، حاولت إخراج الضغط الذي أشعر به هنا. وأنتم مجموعة من الشباب والكهول تظنون أنفسكم بمثقفين، والثقافة بعيدة عنكم، كبعدي أنا عن المنهج الأدبي.

إذا كنت مُصرًّا على القراءة رغم شتمي لك، فأنا أنصحك أن تستعمل شعورًا غاضبًا، أو شعورًا حزينًا، ذلك على حسب الكتابة والعنوان. أو حتى إن لم تُستعمل. فهذا لا يهمّ.

استعملت القافية في بعض المواضع، ذلك يخصني، أنا استمتع بالقراءة لي مع استعمال موسيقى معينة.

في الأخير، أنا لازلت مُصرًّا على نهيك من إتمام القراءة. ربّما في النهاية ستمرض نفسيًا، أو ستشعر أنك أضعت وقتًا مع أحمق مجنون لا يعرف في اللغة العربية سوى أنها مغزى المكنون.

أظن أنك أنت أيضًا مُصرٌّ على الإتمام ... تبًّا لك، هذه أول شتيمة مني لك.

رسالة شاب عشريني

أيها الناس عمزيوم يلقي عليكم السلام، حتّى أنه يريد أن يبعث لكم برسالة، لا يهمه ان تصل لكم، ما يهمه أن يوصلها لكم، أن يرسلها لكم. رسالة بعنوان "شاب عشريني".

يولد الإنسان طفلًا، ويكبر في أحضان والديه، يكبر تحت رحمتهم وكل شيء تحت رحمة الله. يكبر ويصبح شابًا؛ ويظل شابًا رافضًا لكل أنواع استعباد المجتمع، ولكي ينتقموا منه نادوه بالمراهق.

في سن الشباب تبدأ الحياة، تمنح لنا الطبيعة اكتشاف الحياة، في المقابل، يحاول المجتمع سلبه منا.

دعونا نحتفل بأنفسنا، بالعمر الجديد. امنحونا وثيقة الاستقلال، وفكونا من كل الأكبال..

دعونا ننطلق فينا، نضم الحرية فينا. فنحن كعصافير خرجت من القفص للتو.

سنلوم بعضنا، ونلقي العتاب على أنفسنا، فالخطأ منا وإلينا، ولا دخل لكم فينا.

سنصرخ فوق الأسطح، وفوق خيوط الزمان، سنتأرجح، سنسقط من أعلى النواطح. دعونا نتخاصم ونتصالح، نمد أيدينا للتسامح. سنخلق المشاكل، ونقوم بحلها.. نَفِرُ من المنازل ونعود إليها.

سوف نحب بعضنا ونغازل أحباءنا، نفترق عن بعضنا، ونعود متى شئنا لبعضنا.

دعونا نتزوج، ونمارس الجنس، نراقص الشياطين أو الإنس، وفي أذن إبليس نهمس.

من اليوم فصاعدا، لن نخاف، سنخالف كل الأعراف. فالله خلقنا ونبض فينا الاختلاف، و أزال منا كل صفات الخراف.

دعونا ندخل صالات الرياضة، وسنجعل أجسامنا أمام كل العنف صامدة، سنشتري الثياب ذات الأثمنة الباهظة، ونحجز لنا غرفًا في فنادق السادة.

أيُّها الناس، نريد أنْ نعيش بدون قيود، حياة بسيطة بعيدة عن كل الغموض.

أيُّها الناس، منا لا تخافوا. في كل الطرق، لن نخلف وراءنا سوى الورود.

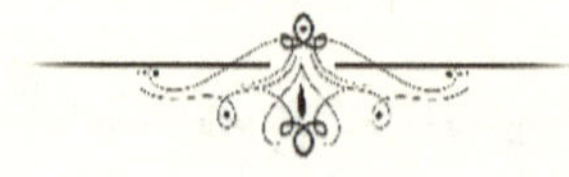

رسالة محبط

أيها الموت خلصني، أنا متعب. اليوم كان ملك الموت بجانب منزلنا، فور علمي بذلك أتيته مهرولًا، لكن أخبرني أنه لا يزال يستمتع بعذابي، تبا خلصني. أنا متعب.

في كل مرة أرى فيها ميتًا أشعر أنّه يشبهني، أنّه أنا، لكني، سأضع إصبعي على شرياني، لأجد أنه لا يزال ينبض، لا يزال ينوح ويبكي.

لا أحد يعلم بحالتي، سوى ذلك الحبل، نعم حبل المشنقة. إنه صديقي المقرب، إنه خليلي المهذب، لا يتكلم، لكنّي في كل مرة أضع فيها يديّ على عنقه يخبرني بأنه هو كذلك يختنق، هو كذلك مع الموت يتعانق.

سأحكي لكم قصة صداقتي معه؛ دخلت مرت على الويب، سألته على كيفية عقد حبل المشنقة، هيهه (ضحكة استهزاء) أتعلمون بماذا رد علي، أخبرني أني أحتاج لطبيب نفسي. تبًا للطبيب، تبًا لنفسي، تبًا للويب، تبًا لشخصي.

ذهبت لأخترع حبلا، ''آه ما نيس يئد أوسين الفلوس[1]''، بل نشلته، نعم قمت بسرقته. أخذته بعيدًا، ذلك اليوم كان لي عيدًا، كان لي كحفل زفاف، لقد تزوجت يا ناس، الحبل أصبح خليلتي، أصبح صديقي.

المجتمع يمنع زواج المثليين، الحبل ليس مثلي، أنا هو الذي أصبح مثله.

المجتمع هيهه (ضحكة استهزاء)، يَحْرِم منا الحياة، كما يَحْرِم منا الموت، المهم بالنسبة له أن تبقى معلقًا بين اللا حياة

---

[1] عبارة أمازيغية، ترجمتها: اه ومن أين أتتني الاموال.

و اللا موت.
لو كنت أعلم أني سأجدكم في الجنة كلكم. لَمَا طلبت الجنة، "باش نتهنا".
لكن سأطلب من إلهي الصفح عني، و أنْ يبني لي جنة لا أجد فيها أي إنسان.
أنا لستُ ملكًا، و لستُ رسولًا، أنا متعب أنا محبط.

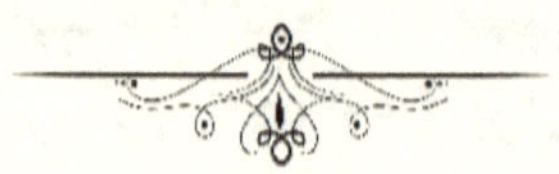

محاكمة قاضي

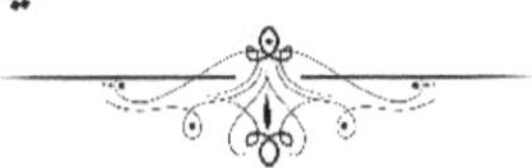

اليوم جاء دورك أيها القاضي، فهل سأرفع يدي وأقسم أنّني سأقول الحقيقة؟! أم أنك سترفع يديك الاثنين وتقسم أنك ستسمع الحقيقة؟!

حقًا أنا المتهم، لكن هذا دوري في الكلام،

"Shut up"[1]* اصمت أيها القاضي أنت فقط استمع ...

أيها القاضي، أدخلتني السجن في الماضي، اليوم أنا سجانك.

كم مِنْ بريءٍ سلبت منه حياته، هل كنت تنام مرتاح الضمير؟

كم مِنْ قلب أعدمته، هل علمت بأنك كنت خادمًا للوزير؟

اصمت أيها القاضي، فأنا على كل أحكامك غير راضٍ، باختصار "أنت ظالم"

قتلت في نفسي، ولا أحد قضاك، رأيت فيك ظالمًا، و لَمْ أكن أستطيع أن أراك.

اليوم يحق لي أن أدلي باعتراضي، ولا أحد من حقه أن يجمع أغراضي.

اليوم سأحاكمك أنا؟ شاهدي الوحيد ذاك الذي يفتتح ظلمك بــ "محكمة"

أتدري كم من مرة قتلتني؟ وفي كل السجون رميتني .

أتدري ماذا سأفعل بك اليوم؟ أترى أني سأنزع منك القلم؟

كل العالم ينتظرني، كل العالم يتشوق لحكمي، كل العالم يحقد عليك أيها القاضي.

الآن، لن أحاكمك، سأكون شاهدًا عليك، أمام قاضي السماء، في محكمة السماء.

انتهت المداولة.

Shut up : اخرس [1] *

حين أموت

حين أموت أنا، سأصمت للأبد، سيصبح كلامي من الماضي، سأصبح أنا من المحذوفين.

مباشرة بعد موتي سأصبح مخيفًا. لا أحد يقترب مني، آه آه كلامي هذا سخيف، فأنا حيّ، ولا أحد يقترب مني.

حياتي وصلت لنهايتها، شواهدي لم تعد صالحة. تجاربي لم ينفع منها سوى تجربة العشر ثواني قبل الموت.

صوري وملفاتي على الحاسوب، ستُحذف، و تصبح من النفايات.

هاتفي سيعاد برمجته من جديد، سيستعمله أحد الأقارب.

كتبي ستباع لأحد لا يعرفني، دفاتري ستُحْرق بعيدًا عن المكان الذي كان منزلي.

ملابسي. سيتبرعون بها للمجهولين.

حسابي على الفايسبوك ليس سوى رقم، سيُحذف مهما مر الزمن.

آه أعضاء جسدي، سأتبرع بها لإحدى المستشفيات، لكن سأتحدث عن ذلك فيما بعد.

والأهم يدي، سأتبرع بها لإحدى المشعوذات، ربما ستحتاجها، "أديس تفتل أبلبول"[1].

في اليوم الذي أتيت فيه لهذا العالم، كنت متأكدًا أنه سيأتي هذا اليوم. صادقت جميع أيامي، لكن لم أصادق هذا اليوم. لقد وضعته جانبًا كما أضع كتابًا على رفه المنسي هناك، يملأه الغبار.

---

[1] عبارة أمازيغية، ترجمتها: ستعد به الطعام.

سأموت أنا، أنسى نفسي، لأستريح، سيأتي الزمان بمن سيعوضني، لن أبكي، سأمسح دموعي، فأنا لا أستحق.....

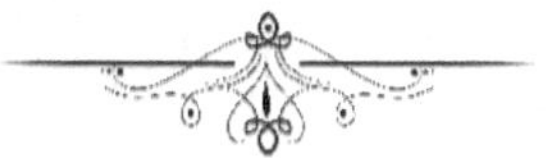

أنا وعمري

لا أدري مِنْ أنا. وما علاقتي بعمري؟ لا أدري لماذا أنا موجود وما هو مصيري.

وضعني الزمان في هامشه، ونساني هناك، لكن وضعت يدي وصنعت زماني.

لا أحد من البشر تدخل، في نفسي لا أحد تدخل، أنا الذي سافر معي أنا الذي عاد معي، أنا الغريب، وأنا المستمر مع نفسي، حتى النهاية.

أنا الشر، وأنا الخير، أنا الداء، وأنا الدواء.

أتيت لهذا العالم؛ لأحقق توقعاتي، وليس توقعاتك، حتى وإن لم أحقق توقعاتي، فأنت لا دخل لك.

اليوم، أردت أن أشرح لنفسي أنّي أنا عمري، أمّا الآخرون فهم غبار يصيبني بالعمى.

اليوم، جئت لأشكر كل هؤلاء الأوغاد، فهم من كانوا سببًا للكتابة والإلهام.

اللطف ما نفعني، كل قبحي هم من صنعوه، لكنّه كان وسيلة لدفاعي.

في عمري، لم أكن يومًا حزينًا، لكنْ، كثيرًا ما أشفق على الآخرين.

لا أريد أن أكون الأفضل، لكني أريد ألا أقارن بأي شخص كان، أنْ أكون استثنائيًا...

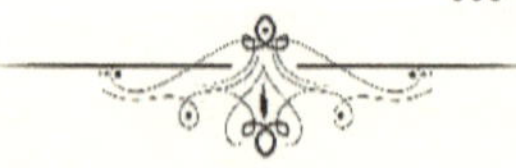

أنت قوي

أنت قوي، فقط عليك استغلال أسلحتك.

لمع حذاءك، وأخرج إلى الشارع. أترك الذي صنعوه في باب المنزل.

تمشى وسط الناس، حرك رموش عينيّك تجاه الإناث ستجد أنك قوي، وقوي عن بعد.

اجلس في مكان عام، فاخلع حذاءك، فرائحة أقدامك كسلاح فتاك.

ضع جواربك جانبك، فهي قنابل مسيلة للدموع.

اشتري نصف درهم من حبوب ''البيبة''[1] وها أنت تمتلك رصاصًا، وفمك مسدس من العيار الثقيل.

غَيّر سماعات الأذن بأبواق، وأطلق موسيقى صاخبة وسط مجمع من الناس، وها أنت تحيي الحفلة. ارقص ودندن، غني مع الكلمات بأعلى صوت.

آه أنتِ ضعي مكياج، والكل سيقع في ''البياج''[2]. أنتِ نفسك رصاصة، بل ربما قنبلة، ولا تحتاجين لشراء السلاح.

فقط خروجكم للشارع، وهو مشروع ناجح، نعم. أنتم رجال أعمال.

لا تخافوا مِنْ أحد، فقد يكون الحل مجرد بصقة.

لا تدخلوا في النزاع مع أحد، فالشتائم تكفي.

استخدام العضلات لا يصمد في هذه الحياة.

إياك أن تسمح للطفل الذي بداخلك بالتلاشي، فهو قائدك نحو الانتصار.

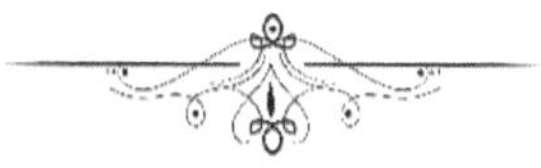

---

1 * كلمة امازيغية، ترجمتها: بذور دوار الشمس.

2 ** كلمة فرنسية، ترجمتها: الفخ.

هذا الحال سيمضي

أحيانًا أتمنى لو كنت تمساحًا بأحد فروع النيل، أقضي حياتي بين البر والبحر، متربصًا للغزلان والحمير الوحشية، همي الوحيد ملء بطني والاستلقاء تحت أشعة الشمس مع زوجتي زبعرى، صاحبة الابتسامة الساحرة، ونعيش في أمن وسلام بعيدًا عن كائنات الفضاء هذه التي اجتاحت الأرض منذ أحقاب عديدة.

لكني سأحارب من أجل نفسي، هي التي تستحق الحرب.

أحيانًا أفكر أن كل مشاكلي ستنتهي بمجرد أن أتوكل على الله، وأقفز من الطابق العاشر. لكني أتذكر أنه لا يزال أمامي جرائم لأنفذها.

هذا حالي، أشعر أني ميت، لكني عندما أتذكر أني أنا أتحدث وهناك مَنْ يستمع؟ أعلم أنّي مازلت حيًّا؛ لأتنفس بحرية، وأني بخير

هذا حالي، سيمضي.

كم كنت فخورًا بنفسي، واليوم يظهر لي أني اختفيت، لم يعد أحد يراني، أشعر أني أصبحت كريح تحمل الغبار، لا أحد يحتملني.

هذا الحال سيمضي.

لم أعد أحتمل أن أشتم أحدًا، كل مشاكلي سببها الإنسان. أنا أدخلتهم بحياتي. وأنا سأتكفل بخروجهم. أعرفهم كلهم، ورغم كلّ ما فات وما هو آتٍ لم أعد أطيقهم.

أصبح الليل يؤنسني، وأصبحت أخاف شروق الشمس. أنا وحدي، وأعلم لو مت اليوم فإن جثتي ستتحلل فوق فراشي، ولن يعبأ أحد، لدفن جثماني.

هذا حالي، وقد مضي

أيامي توائم، أصبحت أنتظر يومًا مختلفًا، كأنّي أنتظر الانتيخريستوس. أمّا المصادفات والمفاجآت لم يعد لها أثر كأنها انقرضت.

لم أعد أحب السعادة، لا أستطيع أن أتذكر آخر يوم ابتسمت فيه، النكت لم تعد تضحكني. كل شيء يستفزني، لا شيء يتغير، الشيء الوحيد الذي يتغير هو جبيني، أصبح علامة حزني.

هذا حالي و سينتهي.

إحساسي أصبح يرعبني، فكل شيء أشعر به دائمًا يتحقق في الأخير.

هذا الحال سيمضي.

سأصبر لحكم ربي، وأقداري مكتوبة، سأعيش بهدوء.

ربي إني مسني الضر، وأنت أرحم الراحمين.

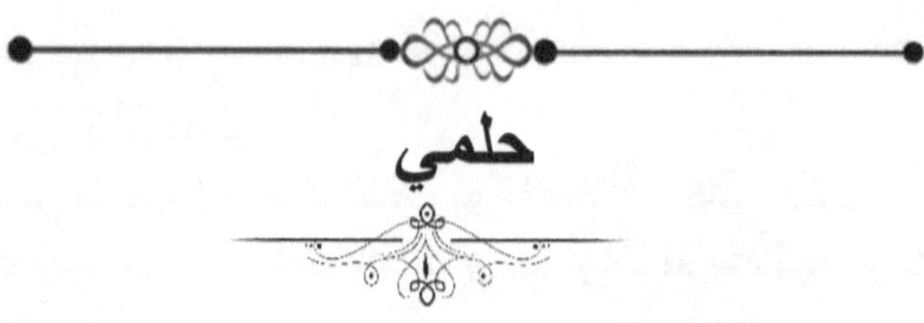

حلمي

حديثي عن المستقبل يعني حديثي عن الحلم.
آه نحن ليس من حقنا أن نحلم، نحن أبناء السنوات العجاف،
قتيلو الخلاف، نحن من وقعنا في الحفر ولم نجد يدًا تُمدّ لنا..
مللنا

الحلم في قاموسنا، ليس سوى وهم نعيشه في صغرنا، عندما
نكبر نفهم أنه ليس سوى بصقة خرجت من أفواهنا.
حلمي تبخر واختفى هيهه (ضحكة استهزاء)
حلمي لم يتبخر ولم يَخْتَفِ، حلمي وضعه كوضع شخص أصابته
حالة إغماء، في غيبوبة لسنوات، لا هو حي ولا هو في تعداد
الموتى.
حاولت نسيان حلمي، كتبت لأهرب، فكتبت قصة حلمي
شربت الخمر لأنسى، فوجدت نفسي أصحو، وقد كنت مخمورًا.
فنطق كلمة حلم تعني لي رشفة خمر.
كل قصائدي عنوانها "حلمي"، ولم أكتب يوما قصيدة.
حلمي لم يحترق، حلمي كإبراهيم في النار، النار حمته، وأحرقت
يداي.
الناس وضعوه هناك، والآن هم مندهشون،
وأنا أحاول إخراجه من هناك، ويداي منكسرة.
حلمي سيبقى صامدًا وأنا لن أبقى صامتًا، لن أستسلم وسأحقق
المعادلة.
سألتقي بحلمي، وسنحكي لبعضنا البعض حكاية مواسم التعب
وقصص العذاب.

لا شيء يطيقني

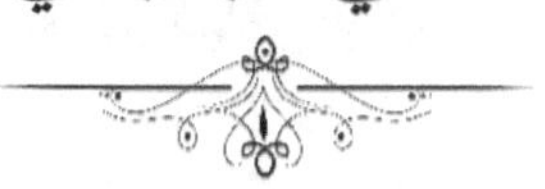

في المنزل، لم يعد أحد يطيق صمتي، أنا نفسي لم أعد أطيقها. أشعر أنّني صرت منفصلًا، أنّني اثنان: جسد نحيف، وروح تائهة.

حتى ذرات الأُكسجين لا تدخل صدري إلا إذا كانت محكومة بالسجن. الماء أشعر أنه أصبح ذا مذاق، أصبح مُرًّا.

أردت رشف فنجان قهوة، فهو من كان صديقي. هو من كنت أحكي له أسراري، اليوم، أطلق عليّ ضحكة استهزاء، أخبرني أنه ليس سوى فنجان يحمل ماءً وقهوةً لا شعور لهما.

أسمع الأمطار تتهاطل، وترقص خارجًا، مجرد أن أقف في الباب تجمع الغيوم قطراتها، وكأنها لم تكن تمطر. لا يبقى سوى أثر الرقص على التراب، حتى التراب أصبح يشمئز مني، أضع قدمي على الأرض وأرى غبار التراب يتناثر بعيدًا عنّي أما الهواء، (صوتا بالأنف) لم أعد أشعر أن هناك رياح، رأيتها تهرب مني تصعد الجبال حيث لا أستطيع لحاقها.

أقترب لأشم راحة البحر فيجزر البحر أمواجه "اااه تا سكدبخت، ماينديوين البحر غر مزغمة"[1].. المهم لا شيء يطيقني . آآه نسيت، أردت سماع صوت العصافير، لم أجدها، أين اختفت، قالوا أنها هاجرت، كل الطيور هاجرت، آه نعم فهمت لقد علمت أني أصبحت غير مُطاق.

رأيت فراشة أمامي، ذهبت لأقترب منها أكثر. أقسم أنها طارت. ملابسي، أردت تغييرها، ارتديت هذا، وجدته ضيقًا، ارتديت

---

[1] عبارة أمازيغية، ترجمتها: اه هنا كذبت، ما الذي اتى بالبحر إلى مزغمة. مزغمة هي القرية التي ولدت فيها، حيث توجد ضواحي مدينة جرسيف.

ذاك، وجدته واسعًا، حتى الملابس التي كنت أرتديها منذ لحظة أصبحت لا تسعني. لا عليك. سأخرج عاريًا، لا يهمني.

لم أكن أريد أن أتحدث على الإنسان، لكنْ، بلغ البأس مداه. أينما رأيت جماعة من الناس، أذهب لأجتمع معهم، فور وصولي تبدأ الغمزات بينهم، تنتهي مواضيع الحديث، ويصبح كلّ شخص له عمل ينتظره، وأصبح وحيدًا وسط الفراغ.

لم يعد أحد يطيقني.

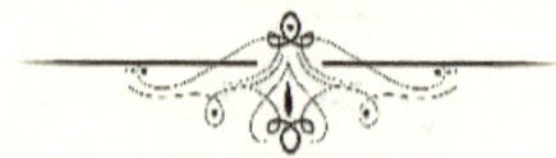

أنا أعدمته

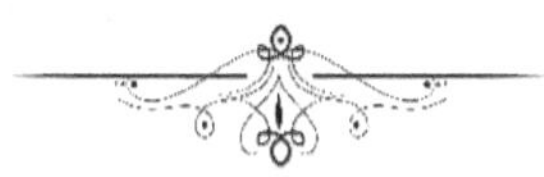

أردت فقط تحقيق العدالة، أنا أعدمته.

لم يقتل أحد من الناس، لكن قتل نفسه.

وضع حدًّا لأفكاره الخبيثة، وضع حدًّا لذلك الشرير الذي كان بداخله.

كان يخبرنا أنه شخص لطيف ولا أحد منا وثق به، كلنا حملنا سيوفنا لنقطع رأسه، لكني أنا أعدمته.

كان يبكي ويقسم أنّه بريء، لكن لا أحد منا غفر له. كلنا كنا نحمل عِصيّ، كلنا كنا نقول اليوم سيلقى حتفه.

اليوم ستتحقق العدالة.

اليوم خلوت به بعيدًا عن الناس، كان يرتجف، وكنت أقول: لا بأس.

اليوم سينتهي كل شيء. لا تخف، أنا سأرسلك إلى مكان أفضل، سأرسلك حيث لا أحد يُرسل.

أنت تستحق. لا أحد في هذا العالم يحبك، الكل يشتكي منك، ماذا فعلت بهم؟

في كل مرة كان يحاول أن يخبرني بشيء ما، كان يختنق. كنت أنتظر أن يقول شيئًا، أن يقول أنه، أنه ماذا؟! هو من قتل. هو من اغتصب، هو من خدع كلّ الناس بالنصب والاحتيال. كنت أنتظر أن يخبرني بكل جرائمه. أن يخبرني على ماذا فعل بضحاياه. اليوم أنا سأعدمه.

وضعت الحبل في عنقه، بدأ يتمتم، لم أسمع جيدًا ما كان يقول، اقتربت منه أكثر، لأسمع ماذا كان يثرثر، كان يقول: هذا

العالم سافل.

دفعت الكرسي من تحت قدميه، وكانت آخر كلماته : العدالة لم تتحقق بعد.

قضيت على روح نفسه، ووجدت نفسي مرتميًا بجانبه، لقد أعدمت نفسي.

نعم أنا أعدمته.

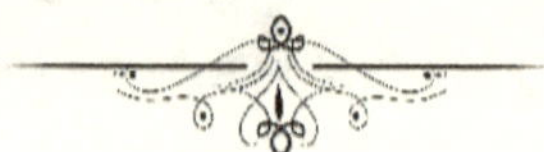

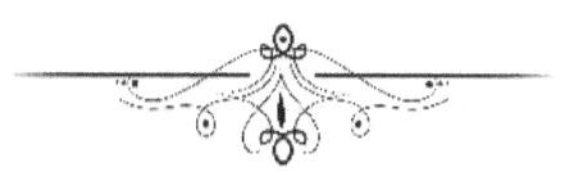

أنا استحق الموت

سأعترف للكل، وسأعترف لنفسي أولا.

أنا وغد، أنا شيطان أخرس، أنا منافق، ونافقت جميع الناس.

أنا أستحق الإعدام، و ربما رميًا بالرصاص.

أنا الذي اقتلعت قلبي من مكانه ووضعته وسط الناس.

أنا قتلت؟ أنا استحق الموت؟

حين أكتب أعذب شخصًا ما، تبا لي حينما أكتب وتبا لكم حين تقرؤون.

أنا أستحق الموت؛

أضع الموت بين يديّ، وأصافح بها الناس، أقتلهم بدم بارد، أسفك دمائهم كأني شيطان مارد.

احذروا من العين؛

عيناي أقوى من البرق، كم من شخص أوقعته أرضًا، كم من شخص أسقطت بنطاله، أخجلته بين الناس، وضعته موضوع نقاش.

أنا استحق الموت؛

لا أصدقاء لي، كنت أنافق جميع الأصدقاء، كان هدفي استغلالهم، أعلم أن الغيظ زاد في قلوبكم تجاهي، لكن أنا أعترف، أنا استحق الموت.

عاهدت، وخالفت العهد، كذبت في أشياء لا تستحق الكذب، كان هدفي وضعهم على خشبة المسرح، وأنا.. وأنا الجمهور. كنت أحسن الشعور.

أنا استحق الموت؛

قتلت، وكم طعنت ضحاياي من الوراء، سموني كما شئتم، فالدور آتٍ عليكم.

قتلت رجلًا، قتلت امرأة، خنقت عجوزًا، خنقت طفلًا.

أنا أعترف، أنا استحق الموت.

لا أحد سينتقم، أنا من سأنتقم لكم، أنا سأنهي سلسلتي بقتل سفاحكم، لن أنتحر، لكني سأقتل قاتلكم.

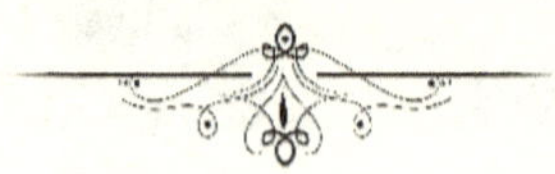

وحدتي

كأني أنا كلّ البشر، والكلُّ بجانبي (هيهه ضحكة خجل). لن أقولها.. سأمر.

أنا وحيد، لي أنتمي، وبي أكتفي، ودوني أنتهي.

الارتباط بالنسبة لي ضعف، وربما أيضًا خوف.

لا أحد يحتويني، ولا أحتوي أحدًا، لكن ربما بالأصح أحتويني.

سأكتئب ان اشتقت لأحدهم، إذا لن أشتاق،

أشعر بالضيق مجرد أني أنطق بكلمة عناق.

الوحدة نعمة من عند ربي؛ وذلك حين أرغب في النوم، لا أحد يقول لي: طيب ابقى معي قليلا.

في الصباح.. عفوًا عند العصر، لا أحد يزعجني، لا أحد يوقظني من غيبوبتي.

سأبقى صديقًا، أو ربما من الأفضل أن أمضي غريبًا، فالارتباط يدمر كل شيء.

وكأني خُلِقْت، لأظلّ وحيدًا.

أنا لا أجبر أحدًا أن يشتاق لي، ولا أفهم لما هناك من يشتاق لي، وأنا لا أشتاق لأحد.

قد يوسوس لكم الشيطان بأنكم تهمونني، فاستعيذوا منه بالله.

أنا وحيد، ولا أرغب في شيء، فقط. أنتظر ما هو مكتوب من الله.

لا شيء يلفت انتباهي، سوى وجودي. لا أتذكر يوما أني احتجت لشيء، فأنا لا أحتاج سوى لي أنا. "ربي دامزوار[1]".

أنا لا أشتم أي أحد. ألف لعنة على من يزعج وحدتي.

أنا و وحدتي واحد لا ينفصل.

---

1 عبارة أمازيغية، ترجمتها: ربي أولا.

أنا بدوي

أنا رجل بدوي، أعيش بعيدًا عن المدينة، لا أبحث سوى على العيش بهدوء.

أنا رجل حر، أكره كثرة القوانين، دستوري كتبته الطبيعة، وأنا مالكها.

لا أفكر أن أسافر. لا لتركيا، ولا لجزر المالديف.

أنا بدوي، ولدت هنا، أعيش هنا، وسأموت هنا.

لا أمتلك شركات، ولا أسهم في شركات، لا عقد لي مع البنوك، ولا علاقة لي مع الملوك.

أنا بدوي، أنا ملك نفسي.

أعيش بسيطًا..

شركائي هم جيراني، وأصدقائي أستطيع أن أحصيهم لكم؛ ديك يوقظني للفجر، وزوجته صانعة البيض، حمار حامل الأثقال، وبقرة مصنع الحليب، شاة وماعز أحد أهم مصادر القوت، وكلب وفيٌّ يحرسني من مخاطر الموت.

أنا بدوي؛

لا أشاهد التلفاز، لا أريد أن أعيش مسرحيتين.

ولا أمتلك هاتفا، لا حساب فيسبوك، ولا تويتر.

فأنا أكتفي بتغريدات العصافير صباحا، وأستعمل الناي، بحضور الذئب تكتمل الحفلة.

أنا بدوي؛

منزلي من الطين، لأني أعرف أني إلى الطين.

ربما تقولون عني رجل العصور الوسطى، لكني أعيش في

المستقبل، و ذاك المستقبل لا يُخيفني.
فقوت اليوم لليوم، وقوت الغد لا يوجد بعد.
أنا رجل بدوي، عملي حرث الأرض، وجمع الحطب.

دا: هذه رسالة إلى الحكومة، يمكنكم كتابة القوانين التي تحمي مصالحكم، لكن استعملوها عندكم في المدينة، يمكنكم الحرث برجال التعليم، ولا أحد سيتكلم.
في الشركات استعملوا العمال كأنهم آلات ولا أحد سيتحرك. ولكن أحذركم من البادية، البدوي رجل حر، يكره كثرة القوانين، ولا يحب القيود. وإياكم وتوسيع جدران سجونكم إلى ممتلكات البدوي؛ برمشة عين يمكنكم أن تشعروا أن البوادي أصبحت تعج ب كيم جونات[1] ...

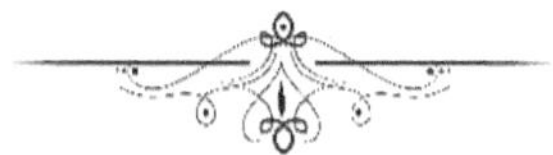

---

[1] جمع اسم رئيس كوريا الشمالية: كيم جون

راحة

حان وقت الراحة، أغلقت باب الغرفة، وضعت الهاتف خارج التغطية.

أبعدت عني كل الكتب، وكذلك قلمي وأوراقي البيضاء وضعتهم في الحقيبة.

أغلقت النافذة بشكل محكم، حتى لا يدخل الهواء
وضعت قطنا في أذنيّ، حتى لا أسمع صوتًا.
كسرت الساعة التي على الحائط، حتى يتوقف الزمن.
وضعت سُمًّا لتلك الصراصير تحت السرير، لتصمت ولو لبرهة.
عنكبوت الزاوية العليا في الغرفة برفقة بعض الذباب قد أرسلتهم في مهمة ...
أطفأت الأنوار؛ وجلست في زاوية الغرفة.
أغلقت عيناي، أوقفت التنفس، و أرسلت دقات قلبي لتنبض في مكان آخر.
آه أنتم اقرأوا في أنفسكم، و من الأفضل أن تتوقفوا عن القراءة.

انتهت الاستراحة، وسيعود كل شيء كما كان، وفي كل مكان.

ملاحظة: المكان الفارغ عبارة عن سبعة أسطر، يعني سبع ثوان من الراحة.

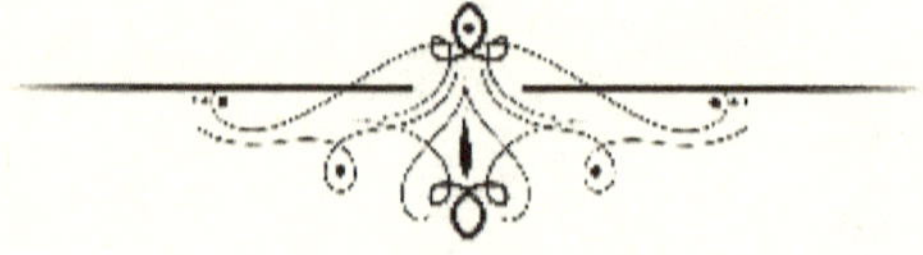

مرحبًا

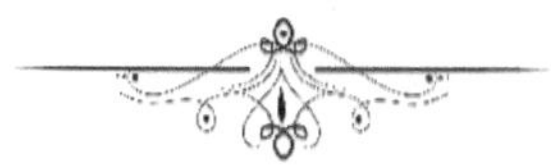

"طاق طاق" هذا صوت بدأ اللعبة.

أهلًا وسهلًا بك في عالمي.

مرحبًا بك يا غريب، في هذا العالم الغريب.

مرحبا صديقي، ماذا تريد؟ أنا في خدمتك.

ماذا تشرب؟ شاي أم قهوة؟ فلك الاختيار.

تريد أن تسمع موسيقى قناوة[1]، أم شيئًا لا يسمعه البشر.

أراك ترتجف، هل أنت خائف؟

أنت ربما الآن تتمنى لو كنت منزوع اليدين قبل طرق الباب ... أو على الأقل كان جوابي الرفض "اذهب".

تذكر أن القوانين هنا تُحترم. لأنك أنت من سيسطرها.

صدقني هنا إذا أخطأت فأنت من ستحاكم نفسك، وأنت من سينفذ الحكم.

لهذا لا تخف، بل مبارك عليك. لقد أصبحت حرًّا.

لا أظن أنك ندمت على طرق باب عالمي،

لا لا عليك، هنا كل شيء سيكون على ما يرام، وأنت لن تلام، فقط احترم القوانين.

اترك ضميرك يقودك، هو من سينجيك في كل المعارك.

هنا. لا. لا وجود لرابع، أنا، أنت والكتاب.

ربما سأساعدك. سأرتب معك الأفكار التي بعثرها العالم خارجًا.

لا تخف كل من دخل هنا خرج سليمًا، ولكنّ أقرباءه أرسلوه مباشرة لطبيب نفسي.

---

[1] نوع من الموسيقى المغربية.

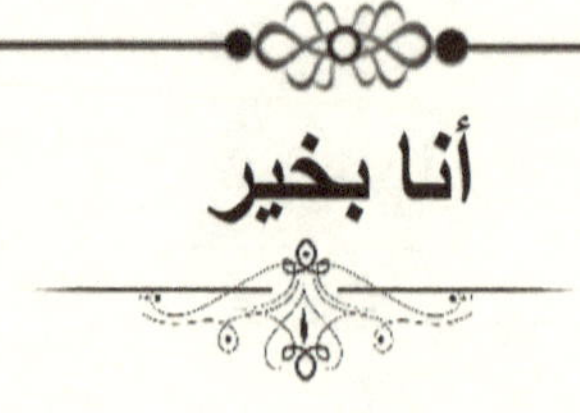

أنا بخير

ما دمتم غير موجودين فأنا بخير.

أكون بأفضل الأحوال، لكن يكفي سؤالي عن حالي، لينقلب مزاجي، وأصبح على غير ما يرام.

أنا أكتب، هذا يعني أنني بخير

حتى صوتي لم يعد يرتجف.

أشعر أنّ هناك شيئًا جميلًا قادم، لذلك سأنتظره ما دمت بخير.

اليوم اعتذرت للحائط الذي أبرحه ضربًا عندما أكون منزعجًا، حقًّا. أخجلني بتقبله الاعتذار. هذا يعني أنني بخير.

وقفت أمام المرآة، واعتذرت من ذاك الشخص أمامي، لطالما شتمته، عسى المرآة تبتلعني، لأنتهي بعناق طويل معه.

اليوم ابتسمت، و رأيت السماء صافية، كأنها كانت تحتفل معي.

القلم الذي كان ينزل دموعه مدرارا، اليوم لم يترك لي فسحة لأكتب، فقد كان يرقص على الورقة. شعر بأنني على كل ما يرام.

الحزن حمل حقائبه، وغادر مسافرًا، حزنتُ لأنّه لم يودعني، هذا يعني أنه سيعود قريبًا، لا محال في ذلك ولا جدال.

المهم أنه اليوم مسافر، و الأهم انني بخير.

غرابة اليوم أن الشمس لم تغرب، والظلام رأيته يهرب، يفر بعيدًا، كأنَّ شبحًا كان يجري خلفه.

الصمت والضجيج وضعا يدًا بيد، وخلوا لرقص الباليه. كانت حفلة، كانوا يحتفلون بكوني اليوم بخير.

الهدايا تهاطلت علي، كثلوج تتهاطل على صحراء بعد سنوات عجاف.

الأخطاء اندثرت، والخطايا تبخرت، كأني ولدت اليوم، أنا بخير اليوم ... "إيطا أور يزري أمنتا"[1]

فجأة سمعت صوتًا، نظرت إلى مصدره؛ الشاي والقهوة يتنازعان، كل منهما يريد أن يملأ الفنجان. كل منهما يريد أن يضحي بنفسه اليوم، و أنا بخير.

اليوم لا شيء أعظم من هدوئي. كل شيء بخير.

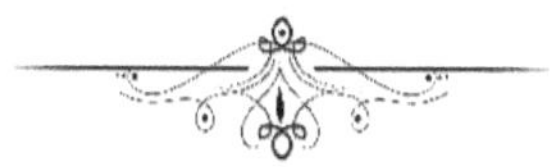

---

[1] عبارة امازيغية، ترجمتها: اليوم لم يمر مثله من قبل.

لم أكن أعلم

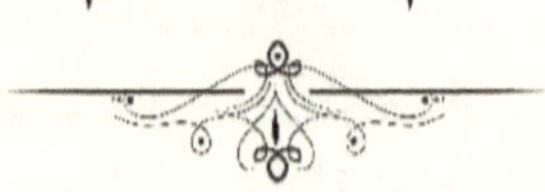

كل شيء حدث في غيابي، لم أكن حاضرًا حينها.

أتيت، ثُمَّ عدت، ولم أشعر إلا بالغياب.

قررتم أن تكونوا هناك، وقررت ألّا أكون هنا.

لست الشخص المناسب، ولكني أنا المناسب.

لا يهمني شيء سوى اللعب مع الذئاب، و وضع أصبعي في أنفي.

كل ظنّي كان خاطئًا.

كنت أعتقد أنني سأكون مستيقظًا في أغلب الأحيان، وأحلم قليلًا، لكن، كل شيء كان مزيفًا، الكوابيس تملأ حياتي، وبالكاد أشعر أني مستيقظ.

مَنْ أعطاك الحق؟

طلقتني الحياة، دون علمي، حتى وجدتها تنام مع آخرين، ظننتها تخونني، لكن هي خنقتني.

لم أغب كثيرًا، وفي عودتي، وجدت كل شيء تغير، غرفتي كأنها لم تكن، صنعتُ مني أنا آخر، لا يشبهني، لكنه مَلأَ فراغي. حتى أصبح غيابي وحضوري لا فرق بينهما.

بعض الوقت، كان كاف لحذفي، وكأني لم أكن.

لم أكن أعلم أنَّ العهود تخالف. فقد حدث ذلك في غيابي، وكأنه شيء اعتيادي حقا أنا أنا "راني تالف"[1]، لا أعلم ماذا سأفعل بهم؟ لكنّي متأكد لا لشيء سيفعلوه بي.

لم أكن أعلم أن سجلاتهم التي كنت أبتسم لها كانت مملوءة

---

[1] عبارة أمازيغية، ترجمتها: أنا ضائع.

بأخطائي.

لكنْ. لا يهمّ، على الأقل هم سجلوا شيئًا ارتكبته.

لم أكن أعلم أن كف معلمي كانت مهمتها العزف على رأسي ولا شيء آخر.

أصلًا، هؤلاء الذين سجلوا أخطائي هم من قالوا: هذا معلمك!!

أمّا بالنسبة لي، أنا مَنْ كنت معلمي.

كنت أظن أنني الممثل، لكنَّ شيئًا ما طرأ. وأصبحت أجلس على مقاعد الجمهور، وهم على خشبة المسرح.

استمتعت قليلًا. لكنَّ المسرح كان يشبه فيلمًا مرعبًا.

الدماء كانت تملأ المكان، لكني كنت أظن أنها مزيفة.

لم أعد أفرق بين الحقيقي والمزيف. ولم أكن أعلم أن حتى الحقيقة يمكن لها أن تكون مزيفة.

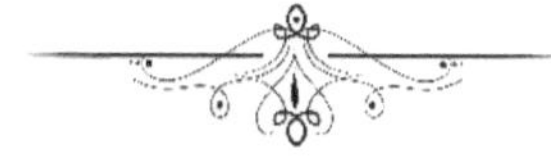

لا شيء في محله

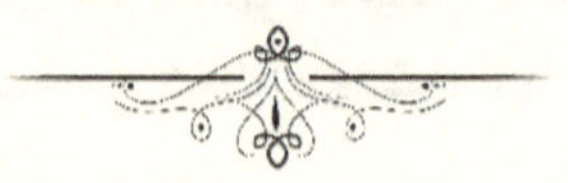

كل شيء يبدو غير طبيعي، أنا في مكاني هنا، ولا أنوي أن أبقى هنا.

الألوان توزعت على الأشياء بغير منطقية، بل أنا لم أعد أرى الألوان. "بحال راني كامي جوان"[1].

لم أعد أرى سوى الأبيض والأسود، بل الأسود فقط.

كأنَّ أحدا ما سرق النهار، ولا أعيش سوى في الليل وأنا أنهار.

الضجيج يملأ كل المكان، والهدوء هنا، داخلي.

وكل الناس أصبح لها مئة وجه، و وجهي، هرب، اختبأ، هنا داخلي.

أرى ميتًا أمامي، جثة في نعش تحملها نساء ترقص، وأخريات تضربن الدف، تغنين وتزغردن.

لم يعد هناك شيء طبيعيًا في هذا الكون.

أشعر بأصوات غريبة داخل جمجمة رأسي، تشبه التضارب بالسيوف، أظن أنني أحتاج لقيلولة، بل لغيبوبة تدوم عمرًا كاملًا.

أشعر أنني فقدت عقلي، أو ربما أنتم تبحثون عنه، أنا لن أبحث عنه، أريده فقط أن يكون بخير، فكوّنه بعيدًا عني يجعلني بخير.

لا شيء في محله.

وضعت يدي على قلبي، ولم أجده ينبض، ظننته توقف، لا بل غيّر مكانه، لم يعد يسعه صدري.

اشتقت لي أنا.

أشعر أني تغيرت على ما كنت أعرفني عنه، أنا الذي هنا لا

---

[1] عبارة أمازيغية، ترجمتها: كأني دخنت مخدرات.

أعرفني.
الوقوف والجلوس، لا فرق بينهما، لم أعد أرتاح في شيء، ولا في أيّة وضعية.
أما النوم كأنه وَدّعني، سافر لبلاد بعيدة، واليقظة تستمتع بعذابي، "هادي أنا عاد بادي"[1] ...
لم أعد أكتب. لم أعد أقرأ. وكل أقلامي تشتكي مني، لكوّني لم أعد أشد على يدها؛ لنرقص معًا، والكتب تشتكي، لأني لم أعد أزورها.
لا شيء طبيعي. حتى الطبيعة غيرت طبيعتها!

1 عبارة أمازيغية، ترجمتها: وهذا أنا في البداية.

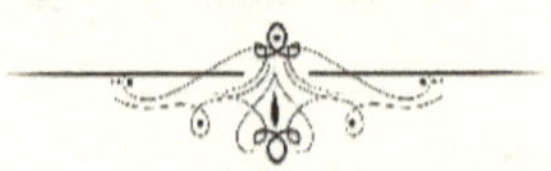

أنا ذاك؛ مصنوع

ليس كل ما تسمعونه عني بصحيح.

أنا هنا لا أعلم شيئًا، لكن أعرف أن أنفي الطويل أطول من مسيرتك المهنية.

كل ما تراني عليه هو قناع، بل أقنعة لا تعرف عنها شيئًا.

ترى في غبيًا، وأنا من استغباك، ترى في مجنونًا، وأنا من جننك.

لا أمتلك أسرارًا، بل أنا السر نفسه، أبتسم معك، وأنا في حالة بكاء. أمّا أنت! أنت في حالة غباء.

نعم، أنا هكذا، أنا وغد ولا تعرفني؛

ماذا قالوا لك عني؟ شخص لطيف، وذو ظل خفيف، ماذا أيضًا؟! كذبوا عليك، أنا لست كذلك. هذا قناع؛

هم يصنعون شيئا لإدهاشك. و هذا خداع؛

آه. قلت ليس هذا ما قالوه لك؟ إذًا ماذا قالوا؟! ولِمَ قالوه؟! غبي، تافه، ثرثار، ذو نوم ثقيل، ويصدر أصواتًا غريبة في الليل. مِمّا هذه المرة؟ هم لم يكذبوا. ولم يقولوا الحقيقة.

هذا قناع، أنا من صنعته، لأظللكم عن شيطانيتي، لكي أبدو كبريء، لا يفهم شيئًا، ولا يحتاج سوى لمساعدتكم.

لا.. لا.. وألف لا، أنا لست لا هذا، ولا ذاك.

أنا شخص مختلف تمامًا. لا أحد يدري مَنْ أكون؟! ليس لأني أضع أقنعة، بل لأنَّ تلك الأقنعة حقيقية. وكوّنها أقنعة فلا أحد يهتم بها.

عظيمة القصر

لا أعلم، هل هي من الإنس أم من الجن؟! ربما هي ملاك. لا هي شيطان على صفة ملك، أو شخصية غير موجودة، لا أنا لا أصدق هذا.

هي حقيقية. عيناي لا تخدعني، سمعي لا يستطيع حتى أن يفكر في ذلك، ومشاعري تصدقني ولا يهمني أحد يفعل عكس ذلك.

جاءت إلى القصر من أجل الانتقام، وهي لا تدري ممن ستنتقم، ولا حتى معنى الانتقام، خرجت من القصر مدلوله تظهر، ومنفية إلى جزيرة يصعب تخيلها حتى في المنام.

عادت إلى القصر، مرفوعة الرأس، ولا أحد يدري من تكون. نفذت مهمتها، وحققت حلم أمها، هذه المرة بنجاح، وأكثر من النجاح. مرة أخرى خرجت من القصر هروبًا، وعادت إليه عظيمة.

يبدوا أنها لن تستسلم لمعتقدات هذا العهد، وستظل تتساءل لما لا يمكنني عمل ما أنا مقتنعة به، إذا كان الهدف هو إنقاذ حياة الإنسان.

القصر كان السبب لتفقد أشياءً مهمة، وجعلها تعتقد أنها حصلت على كل شيء، وجعلها تظن أنها تستطيع فعل أي شيء، لكن في الواقع لم يكن بإمكانها فعل أي شيء.. أي شيء.

كل هذا جعلها عظيمة. وجعل مشاعري تستسلم لها، و أزيل قبعتي احترامًا لها.

لا أفهم لِمَ أحن لها بهذا الحنين الشفيف، وأنا لم ألقاها أبدًا.

ربّما أنا أحبها، ولا يمكنني ذلك، بل مستحيل.

أنا تائه. جعلتني أكتفي بها كأنثى.

لا أزال أشتاق

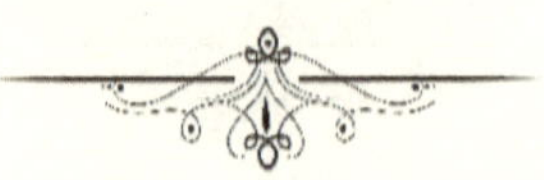

اشتقت لذلك الشخص الذي كان يؤنسني.
كان يحدثني وأنا غاضب، كان يلطف الجو حولي.
اشتقت لمن يكتب حزني على الأوراق، يفرغ قلبه لي، وأفرغ ما لي له.

افتقدت لمن كان صديقه الكتاب، ولا أحد يطرق عليه الباب، إلا بإذنه.

اليوم رأيته في المنام، كان يستغيث، كان يطلب النجدة، ولا يدا مُدّت له. حاولت إنقاذه، لكني وجدت نفسي أطلب النجدة.
أين ذاك الذي كان يقف أمام المرآة، ويحدث نفسه، فالمرآة اشتاقت له، تسألني عنه، في كل لحظة أقف معها.
سلامًا عليه، هو من استمر معي صديقا منذ أن عرفته. اليوم لم أعد أصادفه، بل أصادقه فقط في كوابيسي.
اختفى ولم يعد يظهر كأنه القمر في ليلة مظلمة، لياليه كانت جميلة، ومن كل شر سالمة.
عندما يكون معي في الغرفة، كأن العالمَ كلّه معي. به أكتفي.
اشتقت لتلك القصص التي كان يحكيها ويعيدها لي كل مرة، و استمع لها كأنّني أسمعها أول مرة.
اشتقت لتلك الموسيقى التي أحببتها رغم أني لم أكن أشعر بحبي لها.
أين ذاك الذي كان يعاني مكاني، ويسقط أرضا إذا سقطت "بلعاني[1]".

---

[1] كلمة أمازيغية، ترجمتها: مقصودا

أين من إذا كنت معه، فلا يراني.
أعلم أني أناديك وتسمعني، أيها المحتال، خذني معك، ولا تتركني وحيدًا وسط الغرباء.
أنت لستَ مجبرًا على تبرير اختفائك، فالاختفاء يكمنُ في التبرير عند ذاتك.
اشتقت لك، ولم أعد أراك وسط هذا الزحام. كأنّي أرتدي نظارات شمسية ليلا.
في هذا الليل اشتقت لي. أين أنا؟
أبحث عني، الليلة شعرت بشيء، أشممت رائحتي كأني موجود هنا بالجوار، أجلس في زاوية. أراقبني عن بعد.
يكفي أني لم أمت بعد.

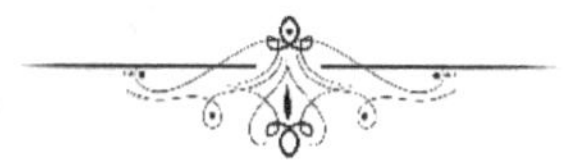

الليلة أنت لي

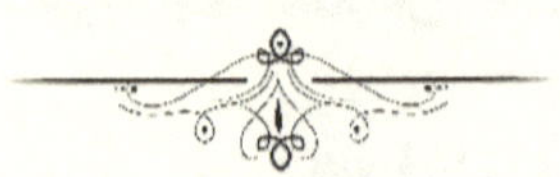

الليلة أنت لي، ولا أحد سينتزعك مني، سآخذك معي في سفري.
و سنسير معًا في هذا الليل، وللوحدة سنقول: وداعًا.
سنرقص على أغنية واحدة، سنشاهد الفيلم الذي يعجبك، سنقرأ
تلك الرواية التي تحكي لي عنها.
سنكتب عن أيامنا السيئة، ولن ننسى اللحظات التي اجتزناها معًا.
الليلة، سأعد عشاءً لشخص واحد. وعندما سينام الجميع
سنخرج حفاة القدمين، والقمر يشاهد المنظر، ويلتقط لنا صورًا
كأنه كاميرا تلتقط فلاش الحبّ.
سنلعب لعبة الورق، فهي اللعبة الوحيدة التي تهزمني فيها.
الليلة سنسخر من الجميع، وسنضحك على غبائهم.
الليلة. سنجن معا، سنصبح حمقى.
الكل يقول أني محتاج لعلاج نفسي، لا بل أحتاج لهذه الليلة.
هذا دوري، سمحت للناس بالظفر بك في كلّ الوقت. لكنَّ الليلة،
أنت لي.
لا أريد منك اعتذارًا عن الليالي الماضية، أريدك أن تعيشي معي.
تناسي كل هؤلاء الضعفاء، الضعيف الوحيد الآن هو أنا، هل
ستراقين معيتي إذًا.
ركضت وراءك، لكني لم أتنبه، أتفهمك رغم عدم اهتمامك.
لكن الليلة لن تفري من يدي، وأعلم أنك أنت أيضًا تشتاقين لي.
ونتشوق سويًا لهذه الليلة.
كل صمتي، الليلة سينفجر.

أحاديث حولي

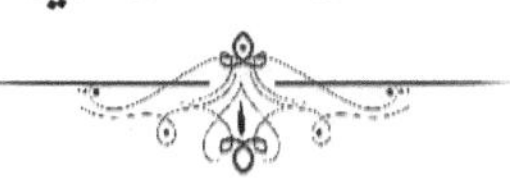

كل شيء تغير في لحظة. لم أكن أتخيل الموقف، يا ليت لو بقيت. لا أعرف ما حدث.

أصبحت أشمئز، أضع إصبعيّ في أذنيّ، لكي لا أسمع ذلك الرنين الرقيق.

كأن الأذَن أصبحت ترى، أذني تمتلك أعين، لا، هذا لا يصدق، لكن حقيقة، كل المشاهد تتكرر أمامي، أحاول أن أحجب المنظر على عيون أذنيّ، لكنَّ كلّ شيء يحجب الرؤية.

كل الأشياء بجانبي أصبح مندهشًا، هي الأخرى لا تصدق ذلك. حاولت أن أحكي لها على ما حدث، أنه ليس سوى تمثيل، لكنّها تعجبت مني، أنا كذلك أكذب.

كنت أشعر بصعقة كهرباء، كلما رأيت منظرًا مخيفًا، أما الآن العقارب أخذت مكان الكهرباء.

كثرة الأحاديث تؤلمني، أبتسم وداخلي يعيش بعيدًا عني.

صدري فارغ، وقلبي ككرة حديدية داخله، تضرب هنا وهناك بكل قوة؛ "طرقعة" هنا و "طرقعات" هناك في الطرف الآخر.

كل كلمة وكل فكرة أسمعها كأنها رصاصة تقتل مبادئي.

أحاول أن أتعايش في هذا الوسط كأني أشيد منزلًا في ساحة معركة. القنابل تهطل كالمطر، وأنا لا أمتلك وسيلة للدفاع. هل سأبقى في الحرب أم أسافر. لكن إلى أين المفر؟!

سأعتزل الناس وأحاديثهم، سأتظاهر بالانطوائية، وأني كائن غير اجتماعي.

لأني لا أتحمل النفاق، ولا المثالية الزائدة.

لا يهمني ما سيقوله هؤلاء عني، المهم أن الأحاديث المشمئزة ستنتهي.

القبول

وأنا أمشي في الطريق، أبتسم، ماذا يحدث لا يفهم لكني أنا أصبحت أستمتع بكل شيء، انظر، أنا معكم، لقد تجاوزت مرحلة الإحباط، أصبحت أعيش القبول يا صديقي.

أقبل بكل التفاهات، ما كنت أرفضه أمس، اليوم أصبحت أعيشه.

النكت ملأت المحيط، أبتسم دون توقف، حتى تلك النكت التي سمعتها ألف مرة، أو ربما أكثر، أصبحت تضحكني.

أغلب الناس التي تراني، تظن أنني أبتسم لها. وأنا أضحك لكل شيء، وعلى كل شيء.

هم أنفسهم من أطلقوا عليّ: مريض نفسي أثناء الإحباط، اليوم يرمونني بالأحمق.

هم حقًّا يضحكونني، يبدو أن مهمتهم تقتصر على تتبعي، ولا شيء آخر. شكرًا على فعل ذلك.

أشعر أني أمتلك طاقة لا تنتهي من الضحك، نعم الضحك الهستيري.

الإحباط الذي يختبأ داخلي، وينخر أعضائي، يجعلني أثرثر مع كل الأشياء، لكنّ تصرف الحائط خلفي لا يعجبني، لذلك أضربه برأسي.

آه لم أقل لكم، هذه الضربات أدمنتني على فقدان الذاكرة، أصبحت في كل مرة تؤلمني الذكريات أهرول إلى أقرب حائط.

هذا الإدمان هو من ساعدني على الخروج من مرحلة الإحباط.

كل شيء آخذه بمالي الخاص، هو هدية من عندكم. شكرًا، أنا

أقبل بكل هداياكم.
ألا ترون؟ أنا أبتسم، هذا يعني أنّي سعيد بحضوركم أيها الحثالة.

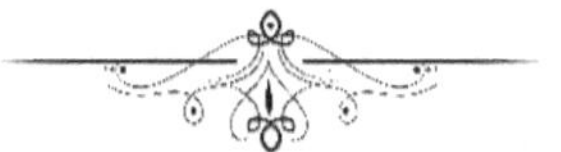

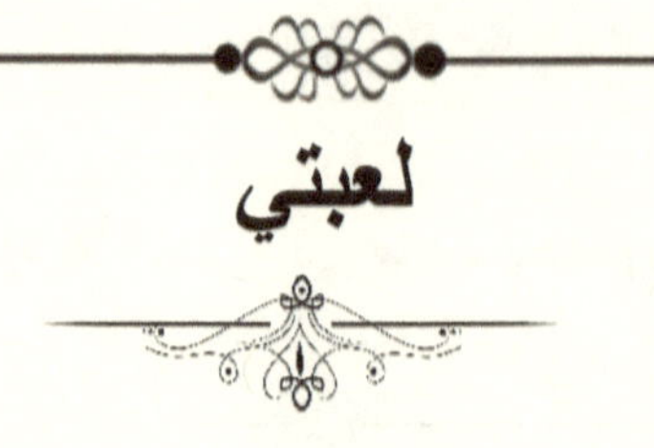

لعبتي

الكل يسألني عن لعبتي التي أحملها على الهاتف، المفاجأة أني لا أحمل أية لعبة! لا يمكن كيف ذلك؟

وماذا عن ذلك الطفل الذي يتواجد داخلي. بماذا يلهي نفسه، بماذا يتسلى؟ أليس من حقه أن يلعب؟

لا، هذا ليس من شأنك، فأنا أعددت له لعبة لا نهاية لها، يمكن له أن يمضي له حياته كاملة دون ملل. نعم، أعطني مهلة، وسأشرح لك.

سأبدو لك بغيضًا، وَغْدًا، ولا أحتمل، لكنّي سأقول الحقيقة. أنا استمتع بكوّنهم أبطالٍ لِلُعبتي.

نعم كما تقرأ، لعبتي هي أنتم.

كل شخص يجلس على كرسي، أسحب من تحته الكرسي، يسقط على مؤخرته، أبتسم، كأنّي تجاوزت مرحلة في اللعبة.

أدق كل الأبواب، وأهرب بعيدًا. أراقب الناس تفتح الباب للفراغ.

الناس في الشارع أجعلها تمشي كأنها دُمَى أمامي.

أنظم مواعد غرامية في أماكن عمومية، ولا أحضرها، بل أراقب من بعيد.

أحيانًا أجلس في حدائق عمومية؛ لأستمع للمجاملات والابتسامات الصفراء بين الأشخاص. حقًا أشاهدهم كأني أشاهد مجموعة من القرود. وتضحكني القرود الكبيرة عندما تنظر لزوجات غيرها.

أمّا الأشخاص الغير مرتبطين، أرتبهم، كأنهم أقمصة قديمة لم تعد صالحة، و موضوعة في خزانة متروكة هناك.

أستمع للناس تتحدث معي، كأنّي أحل لغزًا، حديثهم مَحْشُو بالكذب والخداع.

في الأسواق. في الشوارع. في مدرجات ملعب. في المقاهي. يجتمع الناس؛ ليصنعوا لي مناظرًا مضحكة، أتسلى بغبائهم هناك، وكأنّي أمتلك في يدي حفنة حبوب وسط ساحة يغمرها الحمام بوجوده.

لا عليك، أنا أكتب، ليس لأني مفكر أو محلل أو ناقد، بل أريد فقط أن أتسلى بك، وأنت تقرأ.

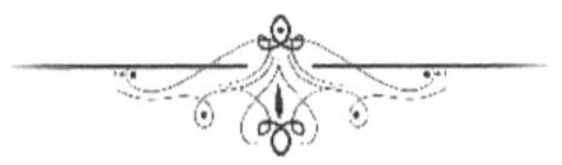

ضميري

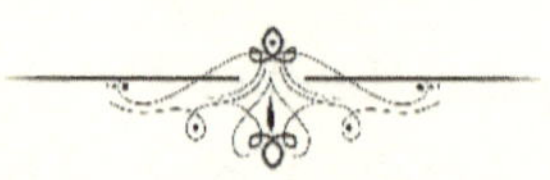

اعتدت أن أنام، وأنا لست على ما يرام، دماغي يؤلمني، والكثير من الأحاديث تعاد وتتكرر على سمعي، كأنه هرج داخلي، دخلت دون استئذان؛ لتزعجني أم لتخبرني أنني مغفل، شخص ممل، لا يعرف كيف تسير أموره.

كل ليلة، أضع رأسي على الوسادة، ينكسر القلب، ولا يصلح معه حتى ألف اعتذار.

ألوم نفسي على هذه، وأتذكر أن هذه الأخرى ندمت على فعلها.

كل أحاديثي مع الأخرين، تأتيني على صفة بشر أشرار، كأنهم يريدون أن يفترسوني، اكتشفتم الآن لَمَا أنا لا أتحدث كثيرًا.

عندما، أدخل الفراش كأني أدخل قاعة محكمة، والقاضي يحاول إنقاذي من مصائب الغد، ولا يريدني أن أعيد نفس الجرائم، لكن أنا لا أبالي صباح اليوم التالي.

ما يعجبني في هذا القاضي أنه لا ييأس، كل ليلة يعيد نفس المحاكمة، ولا يؤجلها أبدًا.

لا ينزعج مني أبدًا، كأنه أنا الذي يحبني، كأنه أمي. يغفر لي دائمًا، يدهشني دائما بقسوة رحمته.

أجد صعوبة في التعامل معه، فمشاعري تتغلب عنه أغلب الوقت لكن في آخر اليوم يقتلها.

تصبح تحت قبضته، وتستسلم كأنها تحت قبضة ملك الموت.

أنا أعترف أنه هو من يحكمني، فأنا لستُ حرًّا على الإطلاق، كل أفعالي تعود له إلا تلك التي أسرقها خفية عنه.

يحذرني في كل مرة بأخطاء، وأعود بعدها وأخطأ مرة أخرى.
اعتذاراتي أصبحت تعرف متى توقيت حضورها، ومسامحته
تشبه وخز إبر في دماغي ...
ضميري، أحبك لكن تحمل مسؤوليتك.

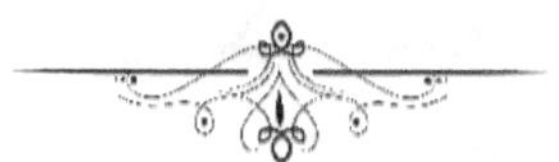

أرقص

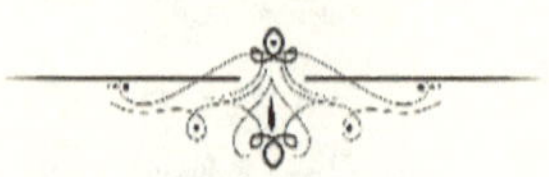

أشيائي المقدسة ليس لها شكل، صنعتها في وهمي، هي التي تسعدني من حين لآخر، جلوسي معها يكفي؛ لأكون أسعد شخصًا يرقص.

هي التي تساعدني على اجتياز العثرات النفسية.

حضورها يجعلني طفلًا بريئًا، يرقص على كل الألحان.

هكذا أنا، أرقص على كل الأصوات؛

أرقص على الأغاني، أرقص على الضجيج، أرقص على صوت تلك الضربات التي يتبادلها الملاكمون.

أرقص على ثرثرة الناس، أرقص على صافرات السيارات في الطرقات، أرقص على قطرات المطر.

كل شيء يجعلني أرقص، كأني الرقص نفسه.

أفتح يدي للرياح، وأرقص معها كورقة شجرة تتطاير من هنا إلى هناك، وتعود إلى مكانها ثانية.

صوت شخص يلتهم الأكل، أراقصه كفتاة عشرينية.

الهموم تحب الرقص على أغاني الحزن، أبادلها نفس الشعور، وأراقصها على أنغامها المفضلة.

أجلس جانب البحر، فيمد أمواجه لمراقصتي، تصلني، لكنْ، بعد سفر أتعبها، فأرقص على صوت تعبها مِنْ غير أن أستطيع الشد على يديها.

وأنا ذاهب إلى أي مكان، تراقصني، كل الحيطان، في الطريق.

أثناء غليان مياه القهوة، صوت ماء يخرج من الابريق، كأنه ألحان أم يا تُرى أنغام لحلو نعمان.

الضحكات المستفزة، أرقص عنها كأني أول مرة أسمع أغنية شعبية.

بكاء الأطفال، أصوات مجمعات النساء، ثرثارات المقاهي، كلها الأصوات التي تجعلني أرقص.

الرقص مع القلم والورقة يشبه الرقص على الرقادة[1]، والكتاب يحب الرقص أمامي كأنه أنثى ذات تفاصيل مناسبة للرقص.

أَحَبّ رقصة لي، تلك التي أضع فيها يدي اليمنى على اليسرى وأراقص نفسي.

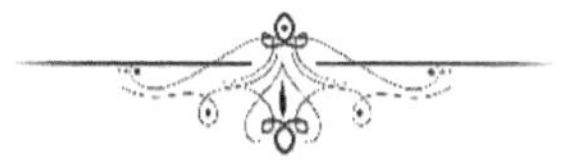

---
[1] نوع من الرقصات المغربية.

لا أفهم شيئًا

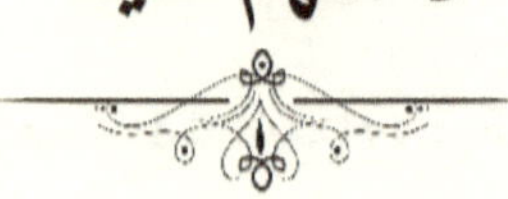

بأية لغة يتحدثون؟ أنا أتسائل كيف لي أن أفهمهم، الناس هنا تستعمل نفس الكلمات التي أستعملها، لكنّي لا أفهم شيئا.

حديثهم كأني رأيته يوما ما في منامي. لكنّي لا أعلم عنه شيئًا. يتكلمون عن الحياة، سبق لي أن سمعت بهذا. فلا أتذكر أين؟!

الكتب هنا بنفس العناوين، وكتبت بنفس الرموز، لكنّي لا أفهم لَمَا لا أستطيع أن أقرأها.

الابتسامات والخداع تتشابه كأنها توأم وُلِدَ لعائلة غنية.

تصرفات الناس غريبة، يلقون تحية السلام على بعضهم البعض، ويبادرون إلى المعارك بينهم.

المواهب هنا أنثى موءودة لشخص جاهل في أيام الجاهلية، يدفنها ويساعده الجيران.

المشاعر تهطل كشتاء في يوم ممطر، مشتتة هنا وهناك. والناس غيوم.

الفصول أصبحت فصلًا واحدًا، لا أفرق بينها أبدًا.

أما أنا، لا أتذكر آخر يوم فقدتني، والمشكلة أني لا أبحث عني، لا أفهم ما يحدث معي.

التعب، تراكم في جسدي، والراحة ودعتني إلى أجل غير معلوم. أصبحت لا أبالي، الاستيقاظ والنوم، أصبح كل شيء متشابه. لا أفهم شيئًا ممّا يحدث.

أحاول كتابة شيء حول ما يحدث، لكن عند الانتهاء أجد كلّ شيء حُذِفَ، كأن ممحاة كانت تتبع خطوات القلم.

أستمع لأغاني، كل شيء يطربني، حتى تلك التي كانت تستفزني،

لا أفهم من غير برمجتي.
كل عيد هنا يظهر منافقون جدد، آه نسيت أن أقول لكم أن كل الأيام هنا أعياد.
نفاق الناس هنا يجعلهم غير مفهومين، كأنهم درس في فيزياء الكم.
نهاية اليوم، أحاول أن أتذكر ما فعلته في يومي، أجد أني نسيت كل شيء، كأني كنت نائمًا، واستيقظت من كوابيس لا أستطيع حتّى أنْ أرويها.
باختصار، لا شيء مفهوم.

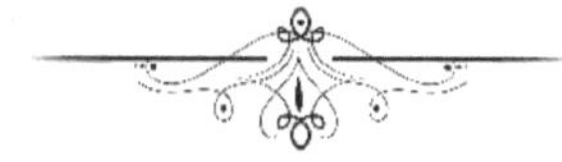

اعتذر مني

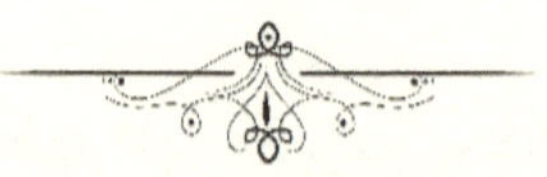

أخذت كل تلك العهود التي عاهدتني بها، ورميتها في سلة المهملات، لم تحترم كل تلك السنين التي اجتزتها معك منذ أول نسمة هواء لك في الدنيا، رغم أني شاركت معك أول صرخة، واحتفلت معك بكل أعياد ميلادك، استنشقت معك كل الحزن الذي رَقَصَ معك على كل النغمات.

اليوم نسيت كل شيء، وكأنّي لم أعد أعني لك شيئًا. لماذا تعذبني هكذا؟ لماذا تأخذني إلى الجحيم؟ أعلم جيدًا أنك تحترق وأنت تفعل هذا. لكنَّ كلَّ شيء في سبيل إرضاء هؤلاء الغرباء، وماذا إن لم تفعل؟ هل يمتلكون موتا بين أيديهم؟ أعلم أنك تخاف على نظافة صورة وجهك، لكنَّ هذه الصورة ستصل لدرجة تحرقني وتحرقك.

خُذ بيدي، وعد إلى رشدك، اهتم بنفسك، اذهب إلى سلة المهملات قبل أن تُرْمَى هي الأخرى في المحذوفات. استرجع مبادئك، واتركني أعيش كما كنت، قبل أن أموت. وأصبح من المنسيين، وتصبح أنت من النادمين.

لماذا خذلتني، وأوقفتني في هذا الموقف السخيف.

عليك أن تعلم أني لم أعد كما كنت، حتى وإن جاوزتني ما يؤلمني حقًا هذا الموقف الذي وضعتني فيه، يذكرني بحال السيجارة المسكينة، تحترق من أجل إطفاء نار داخل شخص آخر، حقا أنتَ لم ترحمني.

أنا لا أخاف فقط عني، لكن ترعبني فكرة أني أحرق نفسي.

وأنت تتشاهد دون حراك.
لماذا؟ من أجل الآخرين.
تبًّا لك أيُّها الأبله، ألا تعلم أنَّ الآخرين هم حطب النار التي اكتوى
بها.
فلتذهب طيبوبتك إلى الجحيم.
عد لي، فأنا من سيكمل معك المسير.
ولا أحد سينظر وراءه عندما تكون الأخير.
كُنْ لي، وأكون حاملك فوق رؤوس كل هؤلاء الشياطين.

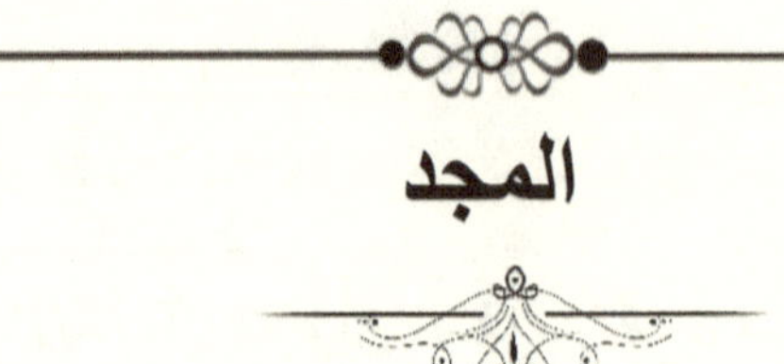

المجد

أمتلك أمورًا لا يمكنني أن أتخلى عنها، لأنّها هي التي تيسر وتسير حياتي.

أحترم تفكيري كثيرًا؛ المجد له، هو من أنقذني في الكثير من الأحيان، هو الذي يميزني عن الآخرين.

المجد للنوم؛ الهروب من الرصاصات الفارغة، وإنقاذ نفسي من أهوال عذاب المجتمع، النوم يساعدني.

المجد للجروح التي تصيبني؛ تصنع مني لوحة فنية كنت أحاول رسمها، ترسم على جسدي، هذا هو الفن الأبدي.

المجد للابتسامة؛ تلك الابتسامة التي تكسر البكاء، تظهر وسط الأحزان، عندما تدمع العين، تظهر هي كملاك يبشر بالخير.

المجد لتلك الأدعية التي لا أعرف عنها شيئًا؛ أيدي ترفع للسماء من أجل إنقاذي من الأشرار.

المجد للأصدقاء الطائعين؛ هؤلاء الذين في وحدتي يُحَضرُون: الفنجان، القلم، الكتاب، الورقة والطاولة.

المجد لعيد ميلادي؛ فيه الكل يبتعد عني، أصبح وحيدًا كأنّه وُلِدَ من الوحدة.

المجد لمن كانت سببًا في عيد ميلادي.

المجد للموت؛ مجرد التفكير فيه يسعدني، ذات يوم سأودع الحياة. هذه الحياة الحقيرة، جئت هنا غريبًا. وسأرحل عنها غريبًا.

المجد للسؤال؛ هو من يشعرني بوجودي، هو من يخبرني عن حال ذاتي، هو من يحملني في سفر لا عودة فيه.

المجد للرسائل الفارغة؛ نكتب فيها ما نريد، نسعد أنفسنا بدون تقاليد ولا تقييد.

المجد للنساء؛ مهما كانت عظمة الرجل إلى أحضانهن يعود. نستسلم ونضع الأسلحة أرضا، بين أيديهن نعلن الهدوء.

المجد للنسيان، المجد للأخلاق، المجد للشتم، المجد للمال، المجد للمشاكل، المجد للغباء.

المجد لكل شيء، المجد لي.

المجد للمجد.

ويسن تيمسي[1]

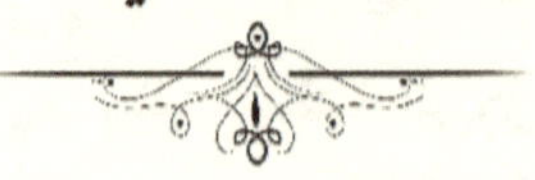

لم أعد أمتلك القدرة على مشاركة نفس غاز التنفس مع الآخرين.

الحديث مع الآخرين يحتاج جهدًا، لم أعد أمتلكه.

أصبحت أرى أنَّ كلّ الناس بجانبي أصابهم مرضًا، أصبحوا شياطين، ابتساماتهم الشريرة تعلوا في كل مكان.

أنا لا أنتظر اعتذارًا من أحد، فقد مللت من أصواتهم المنحوسة.

أشعر أني أشاهد فيلمًا، وأني داخل الفيلم شخصية تشاهد فقط.

الكل يمثّل، لا بل ينافق، الكل يتقن لغة النفاق.

يعتبرونني أحمق، لكن لا يهمني، فأنا بحق أو من غير حق أحمق أيها الشياطين.

في كل مرة أقترب مِنْ أي شخص يصيبني ضجيج في الأذن.

أحدثكم، وأنتم أمامي أوغاد. أنا طبيبكم.

الأفضل لكم أن تبتعدوا عني، فأنا لن أرحمكم، وأنتم بيدي.

سيكون الوضع رائعًا، وأنا ألقي بكم وسط النفايات، وسط الجثث.

تراني، لا أرفع عينيّ، لأن تفاصيل الأمور أتعبتني.

لم أعد أحتمل أن أضيف أحدًا في حياتي، فكلكم مدمرون، فيروسات تنهك حياتي.

أنا لا أهتم ان أخذتم عني فكرة سيئة، فقط خذوا كل الأفكار السيئة وانصرفوا.

أنا لست مهتم لتلك الاستنتاجات التي ستأخذونها عني بعد الانتهاء. بعد الانتهاء من علاقتنا، أو بعد الموت ربما.

---

[1] العنوان: ترجمة عبارة للأمازيغية، الآخر جحيم.

كل اهتمامي كلّه بذلك اليوم الذي سيحدث فيه ذلك، سيحدث فيه أني لن أراكم ثانية.
أنتم أفسدتم حياتي، ارحلوا بصمت، ولا تزعجوا الشيطان بداخلي.

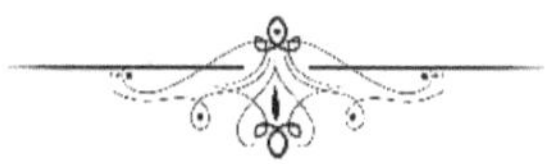

أخطأت

في ليال مظلمة، تسببت في وجود أخطاء غيرت مجرى بعض الأصباح، أخطاء غير شرعية، لم يكن علي ارتكابها.

لم أقتل بأي منها، لكني لم أكد أفقد عقلي في وجودها.

أتذكر جيدًا أني حاولت مرارًا أن أمسح بعض الآدميين من ذاكرتي، لكنَّ مزاجي السيء يمنعني.

المكان هنا مزدحم لدرجة أني أبيت خارجي،

صحيح أخطأت في إدخال المتعجرفين، ولا أتذكر كيف فعلت ذلك؟! لقد أخطأت.

كنت مغفلًا، وأنا أركب الحافلة مع الكل.

واليوم أفضل لو كنت مختلًا عقليًا، أو على الأقل أمتلك مظهرًا مخيفًا، ولا أحد يستطيع الاقتراب مني.

أنا أعترف أني أجرمت في حق أحدهم، لكنّي لا أدري من يكون، فقط أعرف أني أخطأت. عندما أرى ما ورائي؛ لأشاهد خطواتي، أجد أن أحدهم صبغها بالأحمر، أو أن أحدهم مر من هناك، وكان ينزف الدماء.

عندها أرفع يداي إلى السماء، وأطلب المغفرة من الله على كل تلك الأخطاء.

لن أنسى هذه الحروب التي تحدث داخلي، فأنا من تسبب فيها، أنا من أخطأت.

فأنا أدمر نفسي، أنقذني يا إلهي من هذا العنف الداخلي.

الآن أنا أحتاج فقط للنسيان، أعانقه وآتى به حتّى يضمني بلهفة. أقسم أني سأتدحرج عاريًا فيه.

لا أشكو على أحد، لكنّي أريد أن أسجن نفسي داخل كلماتي.
سأنفي نفسي داخل كتاباتي.
أنا أخطأت، وسأعاقب نفسي، ولن يمر ذلك مرور الكرام، كأنَّ لا
شيءَ حدث.
أخطائي أحرقتني، لكنّي لم أمت، ولن أفكر في العيش. تبخرت كل
الرطوبة داخلي، حولتني لصخرة.
لا بأس، فأخطائي كانت لمصلحة أحدهم.

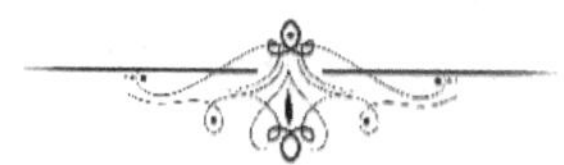

الفراغ

بدأت مغامراتي للتو.
عندما يجتاحني الفراغ تبدأ المعاناة.
الجلوس وحيدًا، يجعلني أبدع وأمتع نفسي أولًا، أمّا في حضور الآخرين اجتماعات شخصية تعكر أفكاري، وهنا يجتاحني الفراغ. أبحث عن كلمة واحدة، ولا أشم حتى رائحتها وسط هذا الضجيج، الضجيج يعني الفراغ.

كل كتاباتي كانت بعيدة عن البشر، كانت تختبئ وراء اللحظات المرة، وحيدة هناك كأنها ملكة جمال في كوكب لا إنسان فيه. كل الأحاديث، الضحكات، الابتسامات الملونة، الأصوات المرتفعة، هي لحظات فراغ.

يتقلب فيها المزاج، ويصبح خائنًا، ثُمَّ يمسي صادقًا في خيانته. أخبرني الفراغ أنه لم يحدث أن اجتمع فيه اثنان صادقين. وحدثني عن العابرين، هم يملؤونه كأنهم الزكام في برد قارس. أنا كذلك أعيش العبور، لكنَّ الفراغ هو نفسه مَنْ يعبر.

يطرق بابي ويخبرني أنّي غبت عنه واشتاق لي.
الأسئلة الكثيرة تزعجني، تقتل الصمت داخلي، لكنّي أختفي وراء الأجوبة بنعم ولا، وضحكة تعني لا أريد الحديث.
هؤلاء الناس كل أيامهم مباركة، التهاني تصنع الفراغ داخلي. الموسيقى الصاخبة، كثرة الأحاديث تزيل دماغي من جمجمته. وتقطع يداي، وتصبح خالية.
أنا لا أستطيع التركيز، يمكنني الشعور بالفراغ يستعمرني.
كل شيء يعاندني، يحاول أن يزعجني، حتى الصرصور الذي كان صامتًا بدأ بالعزف، لن يفلت من يدي، سأقتله لا محال لذلك.

سأقتل الإزعاج، وسأقتل الفراغ.
لكي أعيش مرتاحًا، وأحيا للإبداع.

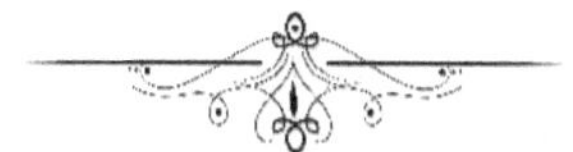

الحزن سعادتي

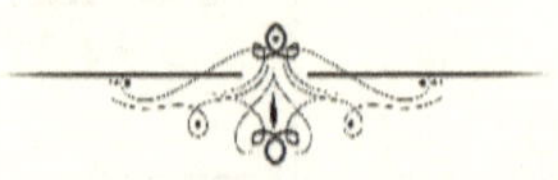

إذا كنت تريد أن تقرأ هذا، أو تسمعه. ضع كل ما تعرفه عن الحزن والسعادة جانبًا، ضعه بعيدًا عنك، ضعه في غرفة مجاورة، وأغلق الباب عليه.

أنا سأحاول أن أشرح لك معنى الحزن، ليس المعنى الذي تعرفه، فذلك سجنه.

الآن نحن نريد أن نعرفه كما نريد، ونحن نفعل ذلك سنضع أيضًا للسعادة تعريفًا؛

هذا الشعور الذي سوف نتحدث عنه قطعت فيه آلاف الكيلومترات، إذًا حتى إن لم تفهمني، فلا ترد ذلك لكوني أحمقًا. حاول أن تجد لنفسك ذاتًا مستقلة، من تكون أنت؟ ولا تدع تعريفات المجتمع تتغلب على تفكيرك.

الآن سوف نحاول أن نسافر معًا في عمرنا.

لن أطلب منك أن تأخذ رشفة قهوة، أو أن تضع قدمًا على الأخرى، فقط تنفس قليلًا.

هذا فعلك حين أول لحظة خرجت فيها لهذه الحياة، وبعدها صرخت أو بكيت، هذا يعني أنك استقبلت الحرية بطريقتك الخاصة؛ فالبكاء لا يدل على حدوث شيء سيء، بل هو غناء الروح. اليوم التقينا، لو لم يكن هناك فراق لما شعرنا بالالتقاء، لذلك فالفراق لا يشعر بالحزن، بل هو سعادة اللقاء.

أحيانا نفشل ونحزن، الفشل هو طريق النجاح، به يمكننا الإصلاح، وليس التخلي عن السلاح. الفشل يعتبر بمثابة مصباح، هو استعداد للسعادة.

الخيبة، تشعرنا بالحزن، أنا اعتبرها خلاصًا من الأمل، خلاصًا من الانتظار، مؤلمة كحقن إبرة دواء في الجسم. الخيبة تلد السعادة.

في هذه الحياة لا شيء سيحزننا، بل الحزن نفسه سعادة، هكذا ضع القاعدة.

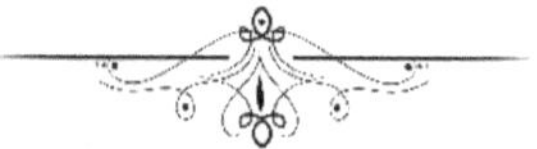

أنا في جزيرة

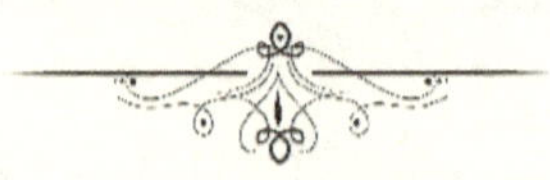

ركبت زورقًا، ودخلت البحر، جدفت بعيدًا عن اليابسة، هاربًا من قوانينها، ومن لباس هذه البائسة.

قررت أني لن أعود وأن أغرق في ظلمات البحار.

الأمواج بعيدة عني هائجة، والبحر حولي هادئ لا يضطرب.

شعرت بالتعب، استرحت، لا أعلم هل أخذت قيلولة أم أني وقعت في غيبوبة؟!

استفقت، وجدت نفسي منتشيًا على الشاطئ، وأمواج لطيفة تضربني في قدماي، كأنها توقظني من نومي. والرمال جالسة بجانبي كأنها تنتظر أن استيقظ من نوم طال سنين.

ظننت أنّي أحلم، لكنّي وقفت بعد جهد طويل.

بدأت استوعب المناظر أمامي.

ما لم أفهمه، أنَّ الأشياءَ هنا مختلفة. كأني أبصرت لأول مرة، المنطق هنا، لم يعد يحترم القوانين التي كنت أعرفها.

ابتعدت قليلًا عن المكان الذي وجدت فيه جسدي. وفورًا توقفت، كأن قوة خارجية جمدتني في مكاني.

احترت، هل سأغوص داخل أدغال الجزيرة هذه. أم أنه علي البحث على وسيلة نجاة والهروب.

ماذا أتى بي إلى هنا، وأنا كنت أهرب من اليابسة؟

هل البحر مَلّ مني، و رماني بعيدًا عنه؟

هل الجزيرة هي من جذبتني منه؟

لم أجد أي جواب لكل هذه الأسئلة.

بدأت أتخيل سُفُنًا أمامي، وأردت أن ألوح لها، لكنها على حين

غفلة اختفت.

كان الأمر يشبه الحلم، لكنه طويل ولا ينتهي.

بدأت أمشي مبتعدًا عن البحر، خطوة، فخطوتين، فثلاث.

قدماي تخطو، وشيء ينادي من داخلي "عد من حيث أتيت".

لكنَّ الوضعَ مختلف

الصخور التي تلتقي بالماء، تعرض نفسها لضربات الأمواج، كأنها تصفق على تقدمي إلى الأمام.

والأشجار تنحني لي كلما تقدمت باحترام.

النباتات تصطف أمامي؛ لتصنع طريقًا كما في الأحلام.

لا أرى هنا حيوانات، لكنَّ أثرها موجود، وكأنها انقرضت.

في الحقيقة المكان هنا جميل، وكل شيء يرحب بوجودي، لكنَّ الأنا خاصتي خائفة.

للتو، كنت أهرب من اليابسة، وأنا الآن في جزيرة.

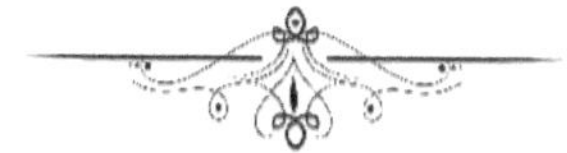

سجين

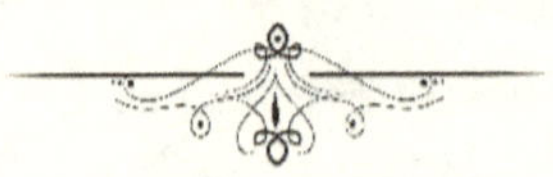

فتحت حقيبتي غمرتها بالكتب، بالأوراق البيضاء، وبالأقلام. ارتديت بعض الملابس التي يمكنها أن تقيني من البرد والحرارة، وضعت طاقيتي فوق رأسي، آه، أنا لا أمتلك طاقية ولا أحتاجها. توجهت إلى أقرب سجن، أوقفوني الحراس على عتبة الباب.

ـ ماذا تريد؟

ـ خصصوا لي غرفة، فأنا قررت أن أسجن نفسي.

استهزأوا بي بأصواتهم العالية، ظنوا أنني مجنون. ثُمَّ أخبروني بمكان منزل مهجور بالجوار، قالوا أنه ذاك هو سجني.

ببرودة دم وبصوت خافت :

أنا أريد أن أسجن، ولا أطلب منكم مبيتًا.

هنا، توقفوا من القهقهة، وفي شكل جاد بالشك حول كلامهم أخبروني أنَّ السجن مخصص للمجرمين.

بنظرة خيبة أمل، عدت أدراجي، وذهبت أفكر في ارتكاب جريمة. لم أستطع أن أقتل. لكنّي سرقت. قدمت نفسي للشرطة، ثُمَّ للقاضي، وأخيرًا حُكِمَ علي بالسجن.

لسوء حظي، وجدت نفس الحراس أمام باب السجن، كانوا يعرفون قصتي.

لم يقبلوا بي كسجين.

فهمت أنهم لا يسجنون المجرمين، بل من يريدون.

حملت رحيلي وابتعدت. ذهبت إلى مكان حيث لا أحد هناك. ليس بصحراء ولا بغابة، لا يشبه شاطئًا، ولا فيه ذئابًا.

قررت أنه سيكون سجني، وهنا سأكون راضيًا عني. ربما
ستقولون عني انطوائي.
لكن أنا أعرف ما يكفي. لأكون بالله اكتفي.

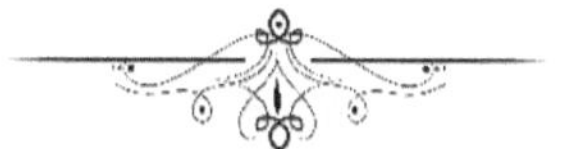

سبع دقائق

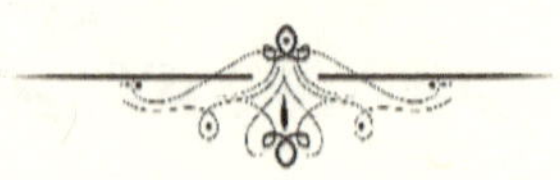

نخرج إلى الحياة، ونحن لا ندري أين نحن ذاهبون، ننتظر وقتًا طويلًا؛ لنفهم. إنَّ هذا أبو الشوارب هو أبونا، وهذا وذاك هم إخوتنا، ربما سنعيش بعض اللحظات مع أجدادنا، هذا إن لم نعش ذلك فقط في خيالنا.

نتعلم أنَّ التفاحة تسقط أرضًا، ولا تطير.

نفهم أن الحيتان تسبح في الماء، ولا تسير.

نحترق من أيدينا، ونطأ على الزجاج الكسير.

ولا أنسى أننا نتخاصم، ثُمَّ نتسامح بالإصبع الصغير.

وأثناء سفرنا هذا، ننتبه إلى عضلاتنا تتضخم، وقامتنا تطول وأجسامنا تصبح أكثر قوة، كل هذا لا يهم، نحن نهتم بأمور قيمتها ضعيفة.

في المقابل، لا نهتم بعقولنا ومشاعرنا. هي الأخرى تكبر في صمت، دون إصدار صوت.

في سفرنا، نلتقي بلحظات تغير كل وجهتنا، وطريقة سفر أرقى تمنحنا الطريق.

فيه نعانق أرواحنا، ونتنغم على ألحان المشاعر بداخلنا. نرقص، نلهو على ظهر عقارب الساعة، ثُمَّ فجأة نكتشف أن عقولنا هرمت، وسُلِبَ منها عمرها. هنا نعود لنشعر، ونبغبغ: يا ليت الشباب يعود يومًا.

هنا نفهم أكثر أن المناظر التي رأيناها أثناء مسيرنا، كانت خادعة، أوهمتنا، بل كذبت علينا.

اكتشفنا أن التفاحة طارت.

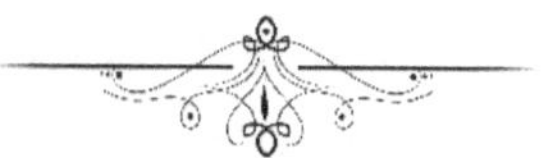

الحيتان خرجت من الماء وسارت.
أن احتراق أصابعنا لا يمثل شيء أمام احتراق قلوبنا،
وأن الزجاج المنكسر وُضِعَ عمدًا أمامنا.
وأن الصديقَ ودعناه عندما نسينا مهمة الخُنْصر.
وأصبح تعاملنا بالوسطى أكثر من رؤية البعض لبعضنا.

التقيت نفسي

كنت نائمًا، عندما استيقظت دون سابق إنذار، قررت أن أخرج. تحديد الوجهة سيكون عشوائي.

كانت ليلة هادئة، حالكة، حتى أصابع يدي لم أكن أراها من شدة الظلام، فالقمر كان في عطلة تلك الليلة.

خرجت من المنزل، وابتعدت قليلًا، تمشيت لحوالي نصف ساعة، حتى شعرت أنّي تائه، ولا أعرف مكاني. لم أكن أسمع، لا أصوات إنسان، لا أصوات ضفادع، ولا كلاب بالجوار. الصمت كان يعم كل الأرجاء. فجأة ظهر ضوء أمامي، كان ساطعًا جدًا، لدرجة أني لم أستطع أن أفتح عيني؛ لأبصر ما الذي يجري؟ الشيء الذي فاجأني أكثر أني لم أخف، ولم أرتعد، كأني كنت أنتظر هذا الشيء منذ زمان.

انخفضت أشعة النور هذه، واقتربت؛ لأرى.

المفاجأة الكبرى أنه كنت أنا. نعم أنا.

هنا عرفت أني أنا و نفسي التقينا أخيرًا.

مرت سبع دقائق لم يتحدث أحد منا، حتى اقتربت دموعي من النزول، لأخفيها، اعترضتها ببعض الكلمات المتعاتبة.

خاطبت نفسي معاتبًا:

لماذا تركتني وحيدًا؟ لماذا هجرتني تائهًا وسط الظلمات؟

حتى الشيطان كان أكثر رحمة منك على هذه الذات.

الشوق والحنين فَتَكَا بجسدي، حتى أنّي أحيانًا أصل الممات في غيابك، أنا تائه، مصاب بالشتات، وتعبت من الصمود والثبات.

عودي إلي، ضميني إليكِ، فقد اكتفيت من أحضان الحزن.
لمتها كثيرًا، وعاتبتها حتى ملأت الأرجاء عتابًا، ثُمَّ ارتميت في
حضنها باكيًا، وطلبت منها شيئًا أخيرًا قبل الرحيل.
طلبت أن آخذ معها سلفي، نعم سلفي.

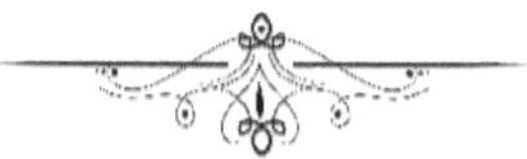

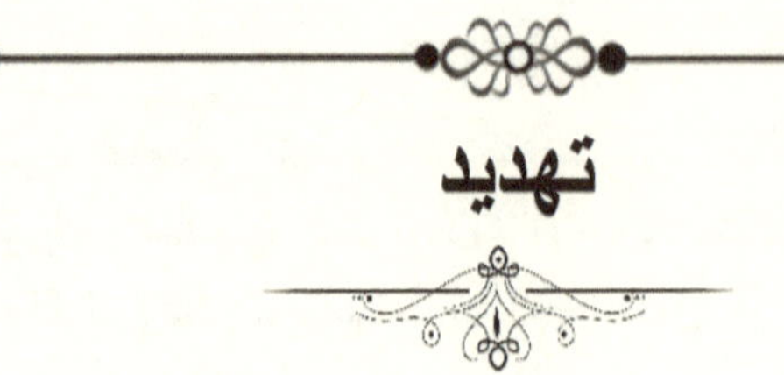

تهديد

الهدايا تُمْنح سرًا.

جالس على مقعدي أفكر في عمل المساء، لكنّي أمتلك برنامجًا آخر، العمل هذا المساء مسألة ثانوية، في كل الأحوال سأذهب الى عملي.

كروح نزل من السماء، كرسول يبشرني، رفيقي يخبرني أن العمل أُلْغِيَ في المساء.

ابتسمت، وحركة باليد كانت كافية لأمنحه إعجابًا على الخبر، ابتسم هو كذلك على ردة فعلي.

لكن الهدايا تمنح سرا، أما الهدية هنا اشتمها بعض من شياطين الانس.

بنبرة حاسد، لن تعمل اليوم؟ صحيح ؟

بنظرة خائف، أكدت جوابه.

بصوت شيطان، ستعمل مكاني.

بهمهمة رافض، لن أستطيع، أمتلك برنامجًا خاصًا.

على يساري صوت مستفز، ستعمل هنا وهناك، لا مفر لك.

وجدت أن الاوغاد أحاطوا بي من كل مكان.

استسلمت، لا بل لم أكن أريد سماع صوتهم ثانية.

وافقت، لا بل استلزم الأمر علي، نفسي وافقت.

وصلتني الكثير من التهديدات، لكنّه لم يكن شيئًا منها يرهبني، كنت آخذها، وأضعها في مؤخرة هؤلاء الحقارة.

لم أستسلم لأي تخويف، ولم أكن أمامه ضعيفًا، بل كنت أضع أصحابه في موقف سخيف.

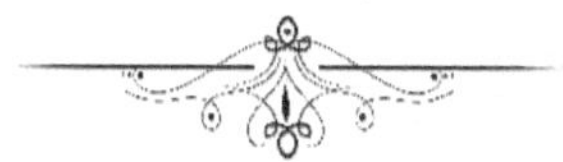

الاوغاد لم يدركوا مع من يتعاملون، شخص لا يمتلك ما يخسر، لا يخسر، لا يمكن لأي منهم أن يدرك هزيمته.

لا شيء يرعبني أكثر من نفسي، ومن حاول ذلك متأكد أنه سيقاسي.

هم أرذال عندما يهددون، لأنّهم أمام الأسياد عاجزون، حتى أنّهم على خوض معركة فاشلون.

بالنسبة لي، أعتبر التهديد صوتًا مزعجًا، لذلك ألجأ لكل الطرق؛ لأنال من صاحبه.

ربما يمكنني ارتكاب جريمة، وأسبب في خسائر جسيمة. لكن أكتفي بوضع التهديد في مؤخرة صاحبه.

ذات الرداء الأبيض

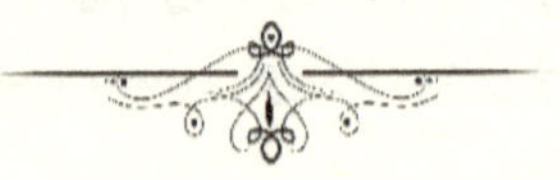

اليوم فاز علي القلب، ضرب بكل قوته، حتى اهتز من مكانه.

الفرصة التي كانت منعدمة، ظهرت من لا شيء.

كان المكان ملوثًا بالضجيج، الناس هنا ترفع أصواتهم لتظهر للناس سلعتها، "إباون، بطاطا ن طافراطا، النعناع عشرة دورو"[1] هرج ومرج.

فجأة، وبرمشة عين، أصبح السوق فارغًا، لم أعد أرى سوى ذات الرداء، الصمت عم المكان، حتى الريح توقفت، ولم يعد يهمني ما أتيت من أجله، كل طرقي أصبحت موجهة لها.

أتذكر أني كنت برفقة أحدهم، هو من كان يشتري الخضار والفواكه، وكنت حمالًا، لكن عندما وصلت للمنزل وجدت أني نسيت كل شيء في مكانه.

جمالها أسقطني في غيبوبة، نومني لبرهة طويلة.

ظلها كان أجمل من الناس الذين كانوا حولي.

باختصار أقسم أنها كانت جميلة.

تركت غروري جانبًا، وأصبحت سخيفًا.

سقطت أمام جمالها.

كانت كسمكة في أعماق البحار، هي الوحيدة التي تحمل مصباحًا على رأسها.

كانت ملاكًا يمشي وسط الليل، ينير طريقه بنفسه.

كانت تمشي بعيدة عني وكنت ألتحقها مغمض العينين، كنت

---

[1] عبارة امازيغية، ترجمتها: الفول، بطاطس طافراطا وثمن النعناع نصف درهم. طافراطا: منطقة فلاحية نواحي مدينة جرسيف، تعرف بخضرها الطازجة.

أشمها كأنها رائحة قهوة أعددتها بيدي، وسرقها أحدهم مني. راقبتها عن كثب، حتى شعرت أنها ساحرة فهي تظهر وتختفي متى تشاء. الآن اختفت، لا لَمْ تَخْتَفِ.

لا أفهم ما يحدث حولي، كل الناس أصبحوا ذوات رداء أبيض.

بدأت أعانقهم واحدًا واحدًا، لكنّي كلما لامست أحدهم، ظهر أنه ليس الشخص الذي كنت أبحث عنه، ليست ذات الرداء، حتى لامستهم كلهم، لكنْ، لا أحد انتبه لي، بدأت أصرخ بأعلى صوتي، ولا أحد يهتم.

ذات الرداء الأبيض اختفت، أم أنا الذي لم أكن موجودًا.

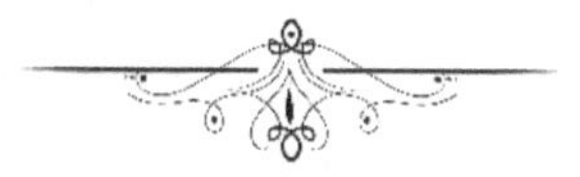

لا أقبل الوصف

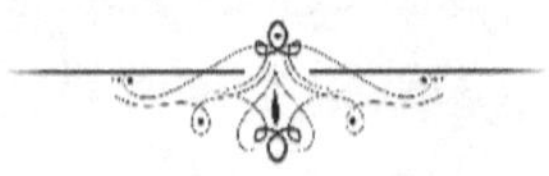

قبل أن تقرأ هذا، نضع أنا وإياك بعض الشروط، أعلم أنك عندما ستنتهي ستصفني بالمغرور.

أنا وضعتك في غرفة هنا معي، إذا لا تحاول فعل ذلك، لن أقبل منك أي وصف.

إذا كنت اتفقت معي فأكمل القراءة، إن لم تكن، فلا داع للإكمال وإلا ستندم. إذا كنت لا تتفق غير في صفحة.

أرى أنك مُصرٌّ على القراءة، إذًا تحمل مسؤوليتك.

العلاقة بينك وبين وصفي انتهت هنا، هيا نبدأ.

في الحقيقة، أنا كنت أبحث عن وصف لي، لكن لا شيء يروق لي، وقررت أن أصنع لنفسي وصفًا يلائم مزاجي.

بعيدا عن كل صفات الله،

لستُ إنسانًا ولا شيطانًا.

لا أقبل أن أكون من الملائكة ولا عبدًا،

لا أرى نفسي في جهنم ولا داخلًا للجنة..

في حياتي لم أرتكب إثمًا، ولكنّي كنت مجرمًا.

أصف نفسي بالبريء، ومن ذلك متأكدا، رغم أني قتلت، سرقت، نهبت، كذبت ونافقت.

أعيش في الظلمات وحيدًا، وأحارب الحياة بلا سلاح.

... "آح أيما آح"[1]

ربما تروني أجلس وسط الناس، أرافق الناس، أتحدث مع الناس، أضحك لنكت الناس، فتظننون أني إنسان عادي.

---

[1] عبارة أمازيغية، ترجمتها: آه يا أمي آه

لا لست كذلك أبدًا.

صحيح، جسدي يجلس وسط الناس، لكني لا أعير اهتمامي لحضورهم، وخطواتي تمشي رفقة الناس، لكني لا أعتبر أحدًا رفيقًا لي.

صحيح، أتحدث مع الناس، لكنَّ تلك الكلمات التي تخرج من فاهي ليست سوى نفايات تفكيري.

أما النكت التي أضحك لها، لا بل أضحك على عدم فهمي لها.

لا أريد استعمال كلمة "أنا شخص"، لأنها تنقص من مرتبتي، سأقول :

أنا ذكي لدرجة أني وصلت مرحلة الغباء.

أنا عاطفي لدرجة تبخر مشاعري.

أنا قوي لدرجة لم يستطع أحدًا هزمي فهزمت نفسي.

الشمس والقمر، الليل والنهار، الماء والهواء.

كل هذا يعيش لأكون أنا على قيد الحياة.

أنا فوق كل الأوصاف، فلا تحاول أن تصفني.

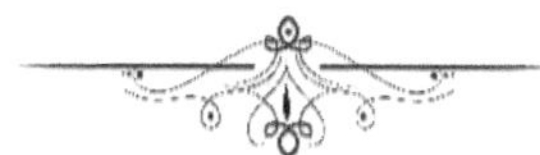

مجرد رقم

هل تظن أنك إنسان؟ هل تعتبر أنك شخص يتهم به أحدًا ما؟ اقرأ كلامي وعندما ستنتهي ، اخبرني إن كنت لا تزال تشعر أنك إنسان.

نظهر فجأة إلى هذه الحياة دون أن ندري من أين أتينا، ويسارع الأهل؛ لإيجاد اسم يناسبهم، الآن أنت مجرد اسم، صحيح أنت ابن، هل الابن الأول أم الثاني، ربما أنت السابع بين إخوتك. هنا تبدأ عملية العدّ.

تسجل في دفتر يسمونه دفتر العائلة، على شكل رقم، هم لا يهمهم من أنت ومن أين أتيت؟! فقط أنت مجرد رقم على لائحتهم.

يزداد عمرك قليلًا، وستحتاج للتدريس، لكن هم يسجلونك على شكل رقم في لائحة تضم الكثير من الأرقام. حدث معها كما حدث معك.

في المدرسة، ينادونك برقمك، فاسمك معقد وسرعان ما يُنْسَى. تكبر، حتى يصبح ضروريًا ترميزك، برقم وطني، حيث يكتبونه على بطاقة؛ لتحملها معك طول الحياة.

أنت بالنسبة للدولة مجرد رقم من بين ملايين النسمات.

أرباب المصانع، رجال الأعمال، أنت بالنسبة لهم رقم يستطيعون تغييره متى شاؤوا؟

البنوك تعتبرك رصيدًا مرقمًا، تنهبك بابتسامات عريضة داخل مقراتهم.

الحكام ورجال السياسة، أنت بالنسبة لهم صوتًا، ألماسة.

حتى إذا أردت أن تسافر خارج وطنك، تحتاج لجواز سفر يحمل رقمك، هم يكرهون الأسماء، بل أنت رقم يتحرك على الخريطة، كأنك حجر على ورقة لعبة "الضامة"[1]

الفرق بينك وبين السجين، هو كونك رقمًا. أما السجناء فهم اثنان أو ثلاثة يشتركون في رقم واحد، رقم الزنزانة.

أنت مجرد رقم.

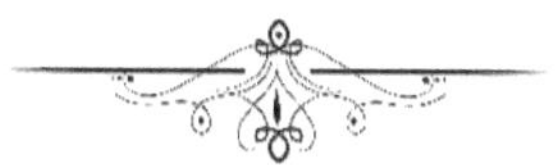

---

1 لعبة الضامة: تشبه في لعبها للشطرنج.

أردنا أن نتحدث

نحن شباب العشرين أبناء الإحباط، متأكد أن أصابتنا لعنة الحياة. نمتلك الكثير ممّا يقال وجوفنا ممتلئ بالأحاديث، لكن؛

ليس من حقنا أن نخوض في أي موضوع؛ لسنا الأشخاص المناسبين للتحدث عن المال، فنحن لا نمتلك درهمًا ولا دينارًا. فنحن نتفادى حتى المرور من الشوارع التي فيها البنوك.

الحبُّ حُذِفَ من عواطفنا، أزيلت كل فكرة عن وجود رفيق حبيب.

أردنا أن نُعَبِّرَ بالموسيقى والرقص، قالوا فجارًا تافهين.

حاولنا الجلوس وحيدين، اعتبرونا مرضى نفسيين.

اللعب والفرح، الضحك والمرح ليسوا من سماتنا، والدموع انقضت من عيوننا.

لم نستطع الكلام، فحاولنا أن ننام، لننسى الهموم، كسلاء ضعفاء هكذا وصفونا.

السياسة محرمة علينا، لا حديث فيها، أو أبواب الزنازين مفتوحة من أجلنا.

في العدالة نسمح لحقنا أن يتكلم، وأمام القاضي تنحني رؤوسنا.

نحن لا نمرض، لا. لا. بل ليس علينا أن نمرض، هم تزعجهم آهاتنا وآهات ألمنا.

كل أصواتنا تزعجهم. علينا الجلوس على هامش الحياة، صمًّا بكمًا عميًا.

حتى عندما أعطونا الكلمة، فقد امتلأت حناجرنا، اختلط الحديث علينا، وتلعثم لساننا. لم نستطع أن نتفوه ولو بكلمةٍ، لأنَّ قلوبنا تألمت. أو ربّما ماتت.

لكن لم ينتهِ كلّ شيء، سنقاوم إلى آخر حرف. ربما سنعود،
سنعود أقوى.

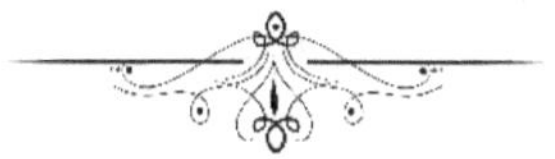

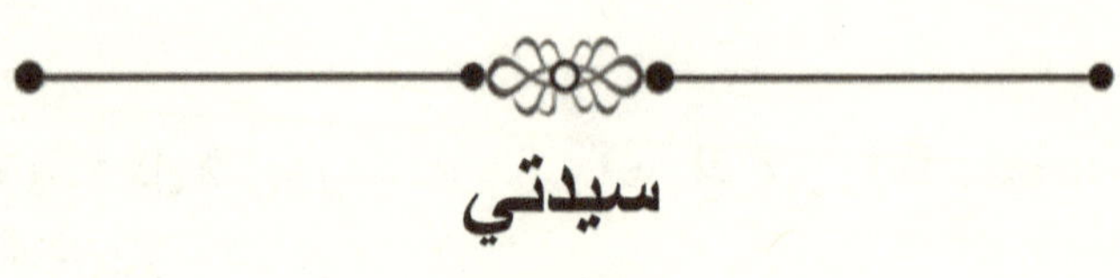

سيدتي

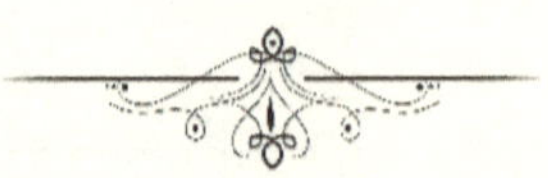

تبًّا لكِ، كنت السبب حين هاجرت نفسي، الكثير من الأغاني لم أكن أحبها، بسببك أصبحت أدمنها، حين أستمع لها أشعر أنك معي.

لا أحب الغزل، ولم أكن أظن أني سأتغزل بإحداهن حتى أتيت أنت، غيرت كل مفاهيمي.

لم أكن أومن بالسحر، لكنَّ أنتِ سحرتِ قلمي. اليوم توقف أمامي وقال: هات ما عندك، خذني، اكتب عن تلك المجنونة.

لم أسألك يومًا عن مظهرك، كيف لي أن أفعل وأنا أشعر أنَّ روحًا تحدثني، بقلب طفلة ناضجة كعجوز بريئة. كل المظاهر تجتمع فيك.

أنا سيء وقاسٍ، تعرفين ذلك.

تغرقين أمامي، ولا تقاومين، بنظرة ارتماء إلى أحضاني.

توجهين، وأنا مكبل بسلاسل. لا أقاوم. لابُدّ أن أنقذ نفسي، وأن أنقذك من الغرق.

كل يوم نسأل بعضنا إن كنا بخير، ونجيب "نعم" لا يعني أنّنا حقا بخير، لكنّنا لا نمتلك دليلًا على عكس ذلك.

سيدتي، أنت تنتظرين أن أقول لكِ أحبك، لكنَّ حبّي لعلاقتنا لا يسمح لي بأن أعدك بشيء، وأخلف وعدي.

سيدتي، دخلت حياتي صدفة، ولم أكن أنوي أن يدخلها أحدًا، لكن الآن علمت أن دخولك لم يكن خطأ.

أنا أخوض داخلي حربًا "شم سباب نس"[1]، لكن في الأخير،
أتوقف عن التفكير، وأعطي نفسي هدنة، ولا أصل إلى أية نهاية،
لا غالب ولا مغلوب.
سيدتي، ضاع عمري قبل أن أعرفك، وتاه عمري عندما عرفتك،
وبين هذا وذاك أتألم بين الآه والآه.
سيدتي، باختصار ناديتك سيدتي، ولن أنادي بها أنثى غيرك.

1 عبارة أمازيغية، ترجمتها: أنت سببها.

هدية رمضان

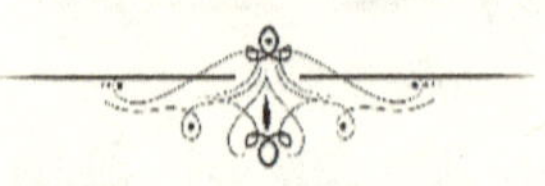

طال العمر وطال معه رمضان، صائم منذ أن ولدت ولا زلت أنتظر الإفطار. رفقًا بي أيها الظهر، فأنا لا يمكنني حتى أن أصرخ من قساوتك.

هناك من يغازل واحدة واثنتين، وأنا أنتظر أول هدية تمنح لي من الأنثى.

قبلة ستكون كافية، لتفي بالغرض.

أنا جائع، أشتاق لأذوق رحيق شفتيك أيتها العنيدة.

أريد أن أضع رأسي على صدرك، وأن أنام ما تبقى لي من العمر.

هيا، فأنا ألمح إليك بأن تمنحيني الهدية وأنت ترفضينز سأموت وأنا لم أقضم من تفاحتيك. يا للحسرة على وجنتيك.

ارحميني أيتها المخادعة، اغتنمي فرصتك، وضعي قدميك على قدمي هيا نطير في السماء.

أنا صائم، أنتظر أنْ تضعي شفتيك أمامي، وأنْ تغمضي عينيك. عيناك كانتا سبب الألم الذي أعانيه.

تركيبة وجهك تدل على أنك ماكرة بريئة، اللعنة على مكرك وطوبى لبراءتك.

تخلصي من كبريائك، واهديني قبلة أفطر بها.

لا أعرف هل التقائي بك هو حسن حظ أم سوؤه، فأنا كنت صائمًا، ولم أكن أحب الإفطار. أنت كنت في طريقي كالإعصار. غيرت ملامح مدينتي على آخرها.

كفى أيتها العنيدة قبل ان أصبح كصخرة، أو أسوأ من ذلك جمرة. لا تخافين فأنا سأتظاهر بالصدمة، وأنت تقدمين لي الهدية.

لا زلتُ أكافح لأجل الحصول عليها.

الحصول على قبلة من شفتيك، وقضمة من وجنتيك، لمسة من عنقك، ونوم عميق على صدرك.

كل شيء فيك يأمرني بالتقدم.. عيناكِ أصابتني بسهم مربوط معك بحبل.

ونهداك يشيران لي بالضيافة. لسانك يخرج لي كأنه أفعى بريئة، تريد الهروب منك، والاختباء عندي بين شفتيّ.

الصوم يمنعني من التقدم، وأنا أنتظر الإفطار، المفتاح بين يديك هدية.

قبلتك هدية رمضان، دعينا نقبل بعضنا.

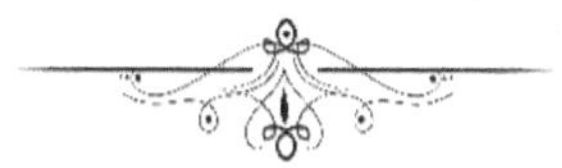

متنكر

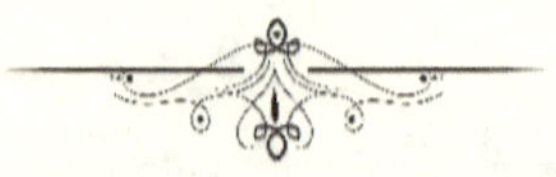

ضعوني في أية خانة تريدون، لا أحد يعرف من أكون، لا أحد يدري من أي مكان أتيت؟! أو الى أين أنا ذاهب، في كل احتمالاتهم أنا ذائب.

أتنكر في كل الأزياء، أرتدي ثوب الفرح حين أريد، وأحمل في يدي مجموعة من الابتسامات، أوزعها على حسب احتياجي لها. في هذه الكتابات تنكرت لكم في ثوب الوجع، حتى شعرتم أنكم تقرؤون لمكتئب، أو كاذب، وأصبحت لمشاعركم سالبًا.

أعيش في الحياة صديقًا وعدوًا، منعزلًا واجتماعيًا، حبيبًا وغريبًا. هذا كله لا. لا تتضح للناس شخصيتي، وحتى لن يعرفون إلى أي نوع من البشر أنتمي.

كنت أمام الناس جميع الأبطال، وغرقت أمامهم كأني طالب نجدة الأبطال.

لم أكن من الضحايا، ولا من الناجين، حدث بي كل شيء لكن اختفيت من أمام أعين الحاضرين.

كنت أول شخص يهتم بقضايا الآخرين، ولم أكن أبالي لمشاعرهم، لا أريد أن يكتشفوا من يكون ضميري.

تشخصت كمؤمن أمام ملحد، وكنت لا أدري أينا المؤمن.

أحببت السجن، وكنت أشاهد جميع أفلام الهروب من السجن.

أحببت الحرية، وكنت أجتاز وقتًا طويلًا في غرفة مظلمة.

سُرِقْت من نفسي، والناس يشاهدون، وأعدت الأمانة لأصحابها وهم نائمون.

أفعل كل ما باستطاعتي لأتنكر عنهم، ولي لا يعرفون.

رقصت في الجنازات، وبكيت دمًّا على صور القبور، الله هو يعلم ما في الصدور.
كنت بارعا في التظاهر بالنفاق، كنت قاسي الكلمات، طيب القلب. تنكرت في ملل الحياة، وكانت كل أيامي جديدة، حتى ظن الناس أني. أني ماذا. أني سأنتحر، وأنا في الدين أسير.
لا زلت أسير على خطى التنكر. التغير، التبعثر والتناثر أتقنها. مشجت بين الحزن والسعادة، ارتديت قناع مهرج غامض المشاعر.
كنت أخفي هلال فمي، أوقفت حركة وجهي وأزلت الدموع من عيوني.
لِمَ لا؟ ولَمْ يعرفوا من أكون؟!
متنكر أنا في الحياة.

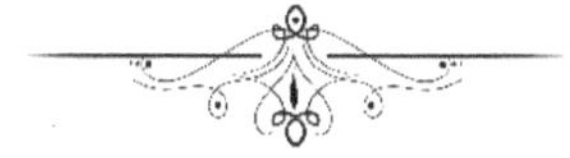

نحن البشر

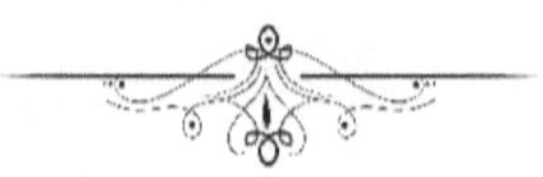

نحاول أن نعيش بسلام، فنحن هنا؛ لنحمي العالم، نحن أبناء آدم، أبونا أكل تفاحة، وتاب بعدها، أما نحن نأكل كل يوم صناديق من التفاح، ونثوب في آخر اليوم مقررين أنها ليست الثوبة الأخيرة.

نعيش تائهين بين الماضي والحاضر والمستقبل. نحاول أن نجد أنفسنا بين طيات الزمن، لكن بدون جدوى.

لا أحد يدفع ثمن الأوكسجين الذي يهدره على هذا الكوكب، نموت والحياة تدين لنا بالكثير.

البعض منا يزعم استطاعته تغيير العالم، وفي الواقع أسرتهم لم يستطيعوا ترتيبها، أرجوكم، رتبوا غرفكم، فمن هناك ينطلق العالم.

في هذا العالم، أعلنا الحرب على كل شيء؛ قتلنا الوقت، شتمنا أي شيء يساعدنا على الحياة، في كل أخطائنا اتهمنا الشيطان، وهجرنا القرآن. في الاخير عندما انتهينا من كل شيء عدنا لنقتل أنفسنا، وأعلنا عليها حربًا بكل أشكالها.

ولدنا واستؤصلت فطرتنا، و نحن أطفالًا، كبرنا وانتقمنا باستئصال فطرة الأطفال، حقًا نحن أغبياء.

جعلنا من الإنسانية نكتة، نبيد الانسان من أجل الانسانية، جربنا كل أسلحتنا الفتاكة في الصغار، وصنعنا لأنفسنا كل الأعذار. تبًا لنا نحن البشر.

عصينا خالقنا؛ تمردنا على الطبيعة وبطشنا في الأرض، خالفنا كل القوانين وتخلينا عن الدين.

مهلًا، في الواقع نحن نمتلك الكثير من الإنجازات، قمنا بتغيير العديد من المفاهيم؛ حولنا الصداقة إلى مصالح، جعلنا من الحب ممارسة للجنس، خلقنا أمراضًا، وصنعنا لها أدوية، ربينا فينا حب الحرية، وأنشأنا السجون، أنجبنا الملائكة وقتلناها، امتلكنا البسمة وقمنا بتلوينها.

باختصار، نحن البشر سفهاء، لا نستحي من الله ولا من أنفسنا.

نحن معشر البشر، لولا رحمة الله، لكنا في جهنم خالدين فيها أبدًا مؤبدًا.

افعلوا خيرا وتجنبوا الشر.

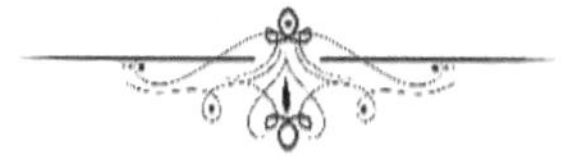

شمسي

الساعة تشير إلى وقت الظهر، والشمس لم تشرق بعد، الظلام مخيم في كل مكان.

ربما لا أزال نائمًا، لا. هذا الاحتمال مستبعد، فأنا أعرف جيدًا من يكون النوم، هو صديقي المقرب.

ربما أنا مغمض العينين، لا، فكم من مرة اغمضتهما وكنت أرى .

إذًا ما الذي يجعل الظلام يجتاح نهاري؟

الليلة الماضية كان القمر مُعتمًا.

متأكد أن الشمس هي من تلعب معي "الكاش كاش"[1]، لكن اختبأت دون أن أدري أين؟!

اختفت عن أنظاري ولم تعد تظهر.

أيا شمسي، عودي إليّ، أنا أنتظرك، منذ أن ولدت لم أركِ، فقط سمعت الناس يتحدثون عنك.

أحاول أن أشعل شموعًا؛ لاستبصر طريقي، تطفأها الرياح، أشعل مصابيحًا، وتنكسر تلقائيًا.

كل حروبي أخوضها في الظلام، وفي الحياة لازلت أقاوم.

أين أنت يا شمسي؟ أنا أترقبك كشخص غاب عنه حبيبه، ولم يراه منذ أول فراق، والآن هو يتعذب في الاشتياق.

لا أطلب منك أن تشفقي عني، فنظرة مني إليك ستجعلك تقعين أرضًا، سيغمى عليك.

ربما سترتكبين بعض الأخطاء ان لم تشرقي قبل موتي، إن لم تحضري في يقظتي.

<hr>

[1] لعبة الاختباء.

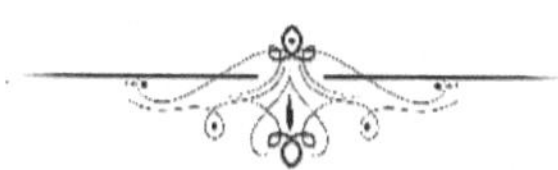

لم أنم الليلة الماضية، كنت أنتظر هذا اليوم، مر فجري ولم يكن فجرًا، جاء الصبح، وشمسي لم تأتِ بعد، ظننت أنها كانت منشغلة في أمر ما، وتأخرت عني، لكن هذا التأخر طال.

بسبب هذا الغياب، لم أسمع طيورًا تغرد في الصباح، لم أرتشف شايًا تحت شجرة الزيتون.

غابت شمسي، لكنّي لم أشعر يومًا بغياب نور ربي.

دعينا من الحب

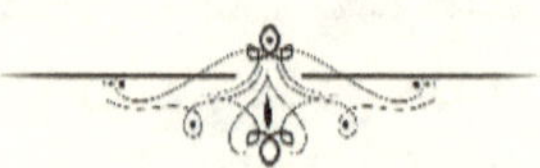

أيا هذه الأنثى، دعينا من الحب، دعينا من قتل أنفسنا، دعينا نعيش كما نريد، و بدون قيود.

سنشتاق لبعضنا، نعانق بعضنا، نحتضن بعضنا، نقبل بعضنا، لكن هيا نبتعد عن الحب، ونبتدع حياة بعيدة عن الصخب.

سأبقى بقربك حتى إن كنت مقصيًا منك، وكل يوم سأسألك عن حالك.

سنبحر معًا. وسنسافر معًا

سنذهب الى الصحراء، سنخيم في الغابة، سنصعد الجبال، وسنتمتع بكل المناظر الخلابة. لكن دعينا من الحب.

سأشتري جيتارا وسنعزف على البيانو، سنفرح في كل الأعياد ولن ننسى "بيانو[1]".

سأراقصك جسدًا وروحًا، سنغني معًا، وسنطهو كل ما نشتهي لكن دعينا من العشق وقواعده.

سنكسر كل القيود بيننا، سنكون شخصا واحدًا، سنشكو لبعضنا ولن نحتال على بعضنا أبدًا.

سنفشي لبعضنا كلَّ الأسرار، وسنكون في ذلك أحرارًا.

سنشارك بيننا كل الأفكار وسنحذر بعضنا من كل الأخطار.

لا تحدثيني على الهيام، ولا على الغرام.

دعينا نقف تحت الأمطار، وسنبتعد عن كل الأعذار، سنكون لبعضنا شموسًا وأقمارًا، في الأخير سنعانق الانتصار.

[8] يحتفل الامازيغ برأس السنة الامازيغية التي يسمونها: بيانو

لن أكتب عنك قصيدة حب، ولن أضعك في القلب، افعلي ذلك أنت أيضًا.

سنبتعد عن الجنون، ولن تنتصر علينا العيون.

سنقدم لبعضنا الهدايا وسنتفادى كل الوصايا.

الخصام لن يخلوا من قاموسنا، ولكن سنبقى نحن كما نحن.

لقاؤنا يبدأ بقبلة، وينتهي بقبلة، ذلك يجعلني أسكر إلى حد الثمالة.

علاقتنا ستقذف بالشقاء بعيدًا، الحب بالنسبة لي شقاء.

وقيل من الحب ما قتل.

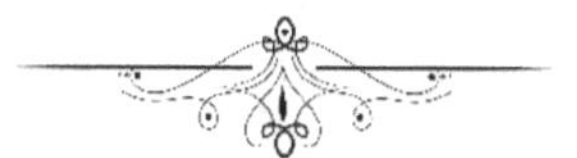

أخبريني

أنا أحدثك لأعرف إن كنت بخير، أحدثك لأسألك عن حالك.
أيا هذه هل كل شيء على ما يرام؟
أخبريني إن كنت تتألمين، ربما سأساعدك، سأزيل عنك الألم،
حتى ولو كان ذلك بالقلم.

رموك برصاصة لم تصبك، هم رأوها في جسدك، لم تسقطي،
ظنوا أن لك سبعة أرواح . ليتأكدوا. ضربوك بكل الأسلحة، رموك
بكل الرصاص، ولم تموتي، لأنَّ لا شيء أصاب قلبك.
أنت قوية، ابقي صامدة، إياك أن تستسلمي، فالله لك خير حارس.
لا أحتمل ان أراك على حال آخر.
فأنا اعتدت حديثك، اعتدت غضبك، اعتدت مزاحك، اعتدت كل
شيء فيك، باختصار اعتدتك.
أخبريني بشيء منك، قولي لي شيئًا أو حتى لا تقولي أي شيء،
رسائلك الفارغة تهمني، فقط أرسليها.
أخبريني عن صباحك ومساءك، أخبريني ما بين الصباح
والمساء، أخبريني عن صيفك والشتاء.
رأيتك هناك، أخبريني ماذا كنت تفعلين في السماء.
اياك أن تبتعدي عني في الفضاء، فأنا لن أستطيع اللحاق بك.
أخبريني عنك.

الفهرس

100

101

ضيف هاتف الدار على موبايلك مباشرة   لزيارة موقع الدار

للتواصل مع الدار واتس آب   لزيارة صفحة الدار

مجلة الدار لإصداراتها الورقية